Kulinarische Touren

DURCH SACHSENS DÖRFER

Orientierung auf einen Blick - überall im Buch finden Sie diese Symbole:

- A: Standort-Verweis in der Karte für regionale Spezialitäten
- »: wichtige Information
- Radtour
- Wandertour
- Wassertour
- Text: in der Karte zu finden
- Rezept

Regional. Frisch. Köstlich. Sächsisch.

SO GENIESST MAN HIER.

Sachsens Dörfer sind Orte mit Geschmack: pittoreske Kleinode, umgeben von Wäldern und Wiesen, inmitten malerischer Flusslandschaften, wildromantischer Bergwelten oder einladender Seengebiete. Auf ihren Höfen und Feldern, in Gemüsebeeten, Bächen und Gärten gedeihen die Zutaten für das einzigartige Aroma von Sachsens Land. Serviert wird es in Form regionaler Spezialitäten, alter Rezepte und neuer Kreationen. In Gasthäusern und Dorfgaststätten, in Mühlen, alten Schmieden, Cafés und Bauernstuben.

18 Orte bilden derzeit die Anbietergemeinschaft „Urlaub in Sachsens Dörfern", die die Tourismus Marketing Gesellschaft Sachsen (TMGS) im Jahr 2010 gegründet hat. Ziel war und ist es, den ländlichen Raum Sachsens mit touristischen Angeboten für Sie erlebbar zu machen.

Die Journalistin Jana Schütze und der Fotograf Andreas Krone waren fast 1000 Stunden unterwegs und haben für Sie vorgekostet. Mit ihrem Wohnmobil und Bordhund Rosa haben sie alle 18 Dörfer bereist, schauten in die Töpfe der Restaurants, radelten zu Backstuben, Käsereien und Fleischereien, und trafen beim Wandern Kartoffelbauern, Braumeister und Kräuterfrauen.

Das Ergebnis halten Sie in den Händen. – Ein kulinarischer Reiseführer, der Lust macht, auf eine genussvolle Tour durch Sachsens ländliche Regionen zu gehen. Genießen Sie Sachsen – unterwegs und auf dem Teller!

Ihre
Tourismus Marketing Gesellschaft Sachsen mbH

Oberlausitz

GUTTAU/WARTHA

Das Dorf im Biosphärenreservat

OBERCUNNERSDORF

Das Dorf der Umgebindehäuser

OYBIN/LÜCKENDORF

Geheimtipp der Romantiker

RAMMENAU

Schloss und Philosoph

SCHLEIFE

Traditionen und Landschaftswandel

SCHWARZKOLLM

Das KRABAT-Dorf

1

2

3

4

1 Ortsansicht Obercunnersdorf
2 Bauernstube in der KRABAT-Mühle, Schwarzkollm
3 Kelchsteine, Oybin
4 Zittauer Schmalspurbahn, Oybin
5 Barockschloss Rammenau
6 Wildprodukte im Hotel bergSinn, Obercunnersdorf
7 Philosophien, Rammenau
8 Auszeit im Barockschlossgarten, Rammenau
9 Töpferei von Andreas Hegewald, Schwarzkollm
10 Ostereierkunst, Schleife

GUTTAU/WARTHA

DAS DORF IM BIOSPHÄRENRESERVAT

Filetstücke aus der Oberlausitz

KARPFEN MIT PARMESAN UND CHAMPAGNER-BROT

Sie sind klein und glitzern in der Sonne wie bunt über das karge Land verstreute Edelsteine. Naturschutzwart Maik Rogel vom Haus der Tausend Teiche in Wartha klettert auf einen der Natur-Beobachtungstürme und erzählt: „Es gibt wohl keinen Zentimeter Erde in der Oberlausitz, der nicht umgebuddelt wurde. Östlich von Guttau wird Ton abgebaut, der Olbasee daneben ist eine geflutete Braunkohlengrube. Nördlich von Guttau schossen bis 1991 Panzer, heute grasen Elche dort, um die Heidelandschaft zu erhalten. Dazwischen liegen kleine blaue Perlen, Karpfenteiche. Sie wurden von Mönchen und slawischen Siedlern vor 600 Jahren angelegt, weil das Sumpfland zu nichts anderem zu gebrauchen war."

„Karpfenfilets aus unserem Biosphärenreservat sind ein echter Fischgenuss, da keine Gräten mehr im Wege stehen."

Tilo Semmer, Fischer aus Kauppa

Während Maik Rogel spricht, schnattern Graugänse, Schwäne, Enten und Haubentaucher lauthals miteinander. „Die Teichlandschaft hat sich mit ihren Dünenwäldern, Feuchtwiesen, Äckern, Flussauen und der Heide zu einem einzigartigen Ökosystem entwickelt. Der seltene Sonnentau und das Moorveilchen wachsen hier, Seeadler, Kormoran und Eisvogel brüten. Eine Oase der Ruhe, ein idyllischer Ort der Entspannung."

Das UNESCO Biosphärenreservat Oberlausitzer Heide- und Teichlandschaft ist eines der größten Fischzuchtgebiete Deutschlands. Hier gibt es Karpfen, Karpfen und noch mehr Karpfen. Geliebter Fisch für die einen, verschmäht von anderen. Elvira Jokusch hat dem Karpfen in ihrer Kochwerkstatt die alten Schuppen abgekratzt und frischen Wind in die Zubereitung des Brotfisches der Oberlausitz gebracht. Karpfen-Rezepte mit dem Potential zum neuen Lieblingsessen.

Ein toller Karpfen

BLAU KENNT IHN JEDER, ABER ES GEHT AUCH ANDERS

Herbstzeit ist Karpfenzeit. Jetzt holt Fischer Tilo Semmer aus Kauppa prall gefüllte Netze aus seinen Teichen. Drei Jahre lang hat er die Fische umsorgt, sie gefüttert, ihre Teiche gepflegt. Tilo Semmer macht alles selbst, von der Laich bis zum Abfischen. „Alle 120 000 Tiere sind prächtig gediehen und gesund", freut er sich. In seinem Laden wartet schon Elvira Jokusch. „Karpfen einmal anders": So will die Köchin ihre Gäste der Kochwerkstatt mit fantasievollen, modernen Rezepten überraschen. Dafür kauft sie drei Filets, Gourmet-Stücke ohne Gräten. „Mit einem scharfen Rundmesser werden die gefürchteten Fischknöchelchen so fein zerkleinert, dass man sie beim Essen nicht mehr spürt", erklärt Tilo Semmer.

Das Menü des Abends in der Pension Jokusch: Karpfen mit Kräuterkruste und Salat als Vorspeise. Karpfen mit Parmesankruste, Rote-Beete-Gemüse und Herzoginkartoffeln als Hauptgang. „Eine Entdeckung! Die würzigen Krusten passen wunderbar zum leicht nussigen Aroma des Fischs", schwärmt Kochschülerin Paula Meyer.

Karpfen mit Parmesankruste

Zutaten für 2 Portionen: 1 Karpfenfilet, 250 g Mehl, 250 g saure Sahne, Meersalz, frisch gemahlener Pfeffer, 25 g Parmesan

Zubereitung: Karpfen in breite Streifen schneiden, pfeffern und salzen, in Mehl wenden und in heißem Öl anbraten. Danach in eine Auflaufform geben. Saure Sahne mit 1 EL Mehl, Salz und Pfeffer verquirlen. Die dickflüssige Masse auf der Karpfenhaut verteilen. Parmesan reiben und auf der Sahne verteilen. Bei 165 °C Umluft ca. 20 Minuten backen. Dazu Rote-Beete-Gemüse und Herzoginkartoffeln servieren.

RÄTZE-MÜHLE

NATURKOST
aus der
RÄTZE-MÜHLE

Aufs Korn genommen

CHAMPAGNERROGGEN, EMMER, EINKORN – VISIONÄRE IN DER LAUSITZ

Kosten Sie bloß nicht das Brot aus der Bäckerei Trittmacher in Malschwitz! Lassen Sie die Finger vom Urigen Brot mit seiner krossen Kruste, vom herzhaften Champagnerroggen-Brot, vom körnigen Urröggeli und von den fluffig-leichten Dinkel-Baguettes. Sollten Sie es trotzdem probieren, erleben Sie ein Weltklasse-Brot, das schon unseren Vorfahren schmeckte. „Wir sind eine reine Urgetreidebäckerei", erzählt Ute Trittmacher.

Das Projekt zur Erhaltung alter Getreidesorten des Biosphärenreservates ermöglichte die Umstellung auf Norddeutschen Champagnerroggen, Jägers Pommerschen Dickkopfweizen, Dinkel und jetzt auch Emmer, die seit Mitte der 1990er-Jahre in der Oberlausitz angebaut werden. Die Skepsis war anfangs groß.

„Das Korn der Vergangenheit ist unser Korn der Zukunft."

Sebastian Unger, Rätze-Mühle

„Die Erträge sind geringer, das Mahlen des Korns und das Backen mit den Mehlen komplizierter", erzählt Sebastian Unger, Geschäftsführer der Rätze-Mühle in Spittwitz. Doch davon ließ sich die kleine Gemeinschaft visionärer Bauern, Müller und Bäcker nicht abschrecken. „Die alten Sorten kommen mit unseren kargen Böden besser zurecht, brauchen kaum Dünger oder Pflanzenschutzmittel. Dadurch kehren Ackerkräuter wieder, die längst aus unserer Region verschwunden waren", sagt der Müller.

Um die Bäcker mit den besonderen Eigenschaften des Mehls vertraut zu machen, hat die Mühle Bäckermeister Martin Reck eingestellt. Er liebt es, mit den alten Getreidesorten so lange zu experimentieren, bis Kuchen, Brot und Brötchen gelingen. Er unterstützt auch die Bäckerei Trittmacher, die von der Rätze-Mühle die Mehle kauft. „Unsere Kunden sind von der Qualität und dem Geschmack unserer Produkte begeistert", sagt Ute Trittmacher.

Hier gibt es das Weltklasse-Brot.

Raus ins Grüne

MEHR TIPPS FÜR GUTTAU/WARTHA

1. Haus der Tausend Teiche
Erleben Sie mit den Augen des Fischers oder als Naturparkwächter eine spannende Reise durch ein „Teichwirtschaftsjahr". Alte Fanggeräte und Utensilien der Fischerei sind hier ebenso ausgestellt wie präparierte Fische, Wasservögel und Fischräuber.

2. Beobachtungsturm am Großteich
Mit Fernglas und etwas Glück können Sie vom hölzernen Turm aus seltene Wasservögel wie Eisvogel, Beutelmeise oder Silberreiher beobachten.

3. Schule wie vor 230 Jahren
Wie war das sorbische Schulleben auf dem Dorf, als es nur einen Klassenraum und einen Lehrer gab? Nachzuempfinden im lebendigen Schulmuseum.

4. Schafiges im Hofladen
In Göbeln grasen Schafe und hüpfen Lämmer über die Weide. Die Schwarzköpfe und Walisischen Schwarznasenschafe gehören Schäferin Ina Schmidt. Auf ihrem Spreehof verkauft sie Käse, Schokolade, Seife, Felle, Wolle und viel mehr, natürlich alles vom Schaf.

WANDERUNG AUF DEM NATURLEHRPFAD

Start am Haus der Tausend Teiche Wartha. Der Weg führt an der Alten Tongrube vorbei Richtung Kleinsaubernitz bis zum Olbasee. Entlang der Stege und Wege werden verschiedenste Lebensräume und charakteristische Tier- und Pflanzenarten vorgestellt. Über 30 Stationen laden zum Klettern, Spielen, Schauen, Riechen und Fühlen ein.

» Länge: 8,3 Kilometer » Dauer: 2 Stunden

RADWANDERN AUF DEM SEEADLERRUNDWEG

Start am Haus der Tausend Teiche Wartha. Durch Wälder, vorbei an Wiesen, Feldern und versteckt gelegenen, romantischen Teichgruppen, verbindet der Weg fast alle zwölf Gemeinden des Biosphärenreservates und führt an so manchem landschaftlichen Kleinod vorbei. Mit ein bisschen Glück können Sie zu jeder Jahreszeit Seeadlern begegnen, aber auch den scheuen Kranichen, Grau- und Silberreihern.

» Länge: 88 Kilometer » Dauer: 1 Tag

BIOSPHÄRENRESERVATSDORF WARTHA

Dorfplatz 26 – 02694 Malschwitz – Telefon: 035932 37731
www.malschwitz.de

OBERCUNNERSDORF

DAS DORF DER UMGEBINDEHÄUSER

Süßes aus dem Garten

APFEL-BIENENSTICH UND BROMBEERTORTE

Geheimnisvoll versteckt das Tal des Cunnersdorfer Wassers nördlich des 583 Meter hohen Kottmars den kleinen Ort, als wachte es eifersüchtig über einen einzigartigen Schatz. Erst wer das Ortsschild Obercunnersdorf hinter sich lässt, dem öffnet sich eine malerische Kulisse. Umgebindehaus neben Umgebindehaus schmücken rechts und links die Hauptstraße, eins schöner als das andere. Dunkle Holzbögen, manche aufwändig mit Schnitzereien verziert, rahmen wie Arkaden die Blockstuben im Erdgeschoss ein. Das Fachwerk darüber ist mit weißem und blaugrauem Schiefer in immer neuen Motiven verkleidet: Sonnen und Halbsonnen, Anker, Raute, Herz oder Kreuz. Die Türstöcke aus Granit sind mit filigranen Ornamenten geschmückt. In den verwunschenen Vorgärten blühen Hibisken, Stockrosen, Sonnenblumen und Herbst-Anemonen in allen erdenklichen Farben.

Mehr als 250 dieser Häuser stehen hier in Obercunnersdorf, liebevoll gepflegte Zeitzeugen einer slawisch-fränkischen Kultur. Hier, wo die Spree gleich aus drei Quellen entspringt, wo die Leute das „R" so unverwechselbar rollen und wo Sagen von kleinen grauen Männchen, Mittagsgespenstern und Bergmännlein erzählt werden, ist es eine Lust zu verweilen. „Trinkt, o Augen, was die Wimper hält", dichtete einst Gottfried Keller. Obercunnersdorf ist eine Augenweide. Und schon bald erfüllt ein betörender Duft von gebrühtem Kaffee und hausgebackenem Kuchen die Luft. Zeit für eine süße Pause in einem der beiden romantischen Cafés des Dorfes.

**„Es gibt ihn schon länger als 100 Jahre,
aber er ist noch genauso knackig, saftig und köstlich wie am ersten Tag –
der Schöne von Herrnhut, die alte Apfelsorte der Oberlausitz."**

Dr. Eberhard Brösel, Pomologe aus Obercunnersdorf

Backen zur Kulturpflege

BIENENSTICH MIT HISTORISCHEN ÄPFELN

Artenschützer: Nachwuchs-Pomologe Tom Wirth und Dr. Eberhard Brösel wollen den Schönen von Herrnhut erhalten.

Im Spätsommer, wenn der Schöne von Herrnhut rote Bäckchen bekommt und die Brombeeren ihre schwarze Süße entfalten, duftet es in den Backstuben von Obercunnersdorf besonders verführerisch. Im Café Brumme, dem liebevoll sanierten Umgebindehaus mit der rostbraunen Blockstube gleich gegenüber der Touristinformation, backt der junge Konditormeister Thomas Brumme besonders leckeren Apfel-Bienenstich. Gleich kiloweise schält er Äpfel, manchmal auch die aus Nachbars Garten. Ein Akt der Kulturgutpflege.

Denn der Schöne von Herrnhut ist vom Aussterben bedroht. Die alte Apfelsorte wurde 1880 entdeckt. Weil die Bäume so unkompliziert sind, auf jedem Boden gut wachsen und auch mal strengen Frost und starken Wind vertragen, eroberte die Sorte schnell die Gärten und Baumschulen der Oberlausitz. „Ich bin mit Omas Apfelmus aufgewachsen", sagt Tom Wirth. „Beim Klettern auf die Apfelbäume habe ich oft Rotbäckchen genascht. Den Geschmack meiner Kindheit möchte ich erhalten." Doch der Schöne ist in Gefahr, er wird von moderneren Sorten verdrängt. Dr. Eberhard Brösel, Biologe und Hobbygärtner, berät den Nachwuchs-Pomologen Tom bei seiner Mission, die wunderbaren Alten zu retten.

TORTE MIT WILDEN BROMBEEREN

Brombeeren wachsen in Obercunnersdorf üppig an den Rändern von Wiesen, Weiden und Feldern. Ingrid Fischer vom Haus der Sinne freut sich über das schwarze Gold der Natur. „Die stachellosen, kultivierten Beeren sind zwar leichter zu pflücken, die wilden dafür aromatischer und reicher an Vitaminen." Was für eine Wonne, im romantischen Garten zu sitzen und ein Stück Brombeer-Sahne-Torte zu genießen. Es sind die liebevollen Kleinigkeiten, die das Café im Haus der Sinne zu einem Ort der Gemütlichkeit machen. Außen ganz traditionell der Oberlausitzer Umgebindetradition verpflichtet, ist die Blockstube innen strahlend weiß gestrichen und modern eingerichtet. Ein Schmuckkästchen, das 2007 als Schönstes Häusel der Gemeinde ausgezeichnet wurde.

Deftig, würzig, gut!

STUPPERLE – ECHT BIO

Die Spree fließt durch Berlin, das ist eine Binsenweisheit. Aber welche ihrer drei Quellen die eigentliche ist, darüber streiten sich die Oberlausitzer seit Jahrhunderten. Eine der drei entspringt nur einen Spaziergang von Obercunnersdorf entfernt auf dem Kottmar. Der Anstieg ist etwas anstrengend, der einzigartige Panoramablick bis zum Riesen- und zum Isergebirge entschädigt aber sofort. Diese am Südwesthang des Berges gelegene Spreequelle ist der höchste Ursprung des Flusses. Nach einem erfrischenden Schluck Spreewasser geht es hinüber zum Beckenberg. Auf dem Gipfel lädt ein uriger Berggasthof zur Rast ein. Seit 2009 kocht Chef André Meyer hier mit regionalen Zutaten, seit 2013 ist der Beckenberg das erste Bio-Berggasthaus Sachsens: „Die Ölverschmutzungen und die Atomtests in den 1990er-Jahren haben mich nachdenklich gemacht. Diesem respektlosen Umgang mit der Umwelt wollte ich etwas entgegensetzen." Auf der Karte stehen viele traditionelle Gerichte seiner Lausitzer Heimat wie Deichelmauke, Festtagssüppchen mit Schälklößchen und Lausitzer Forelle.

Einer seiner Favoriten: Stupperle mit Schwarzbiergulasch. Stupperle sind Scheiben von einer Kartoffelkloß-Rolle, die im Salzwasser gegart werden. Das frische Rindfleisch kommt vom Ökohof Wobst in Mittelherwigsdorf, das Schwarzbier aus der Eibauer Brauerei.

Sachsens schwarze Kunst
Einst war ein Zittauer Braumönch so entzückt vom Eibauer Schwarzbier, dass er seine Begeisterung in die gesamte Lausitz trug. Das würzige Bier mit der Röstmalz-Note ist bis heute hier in aller Munde.

Dafür sorgt Julia Böhmer, Chefin der Privatbrauerei Eibau. Sie ist zwar keine Nonne, das Bier betet sie trotzdem an:

„Es schmeckt nach Heimat!"

Waidmanns Glück
„In unseren Wäldern leben Rehe, Hirsche und Wildschweine in der freien Natur und ernähren sich vielseitig. Für mich sind Wildschinken und luftgetrocknete Wild-Knacker besonders hochwertige Delikatessen", sagt Andreas Heinrich, Jäger im Ehrenamt und Wirt vom Hotel bergSinn.

K Hier wartet der Wildgenuss.

23 – Oberlausitz – Obercunnersdorf

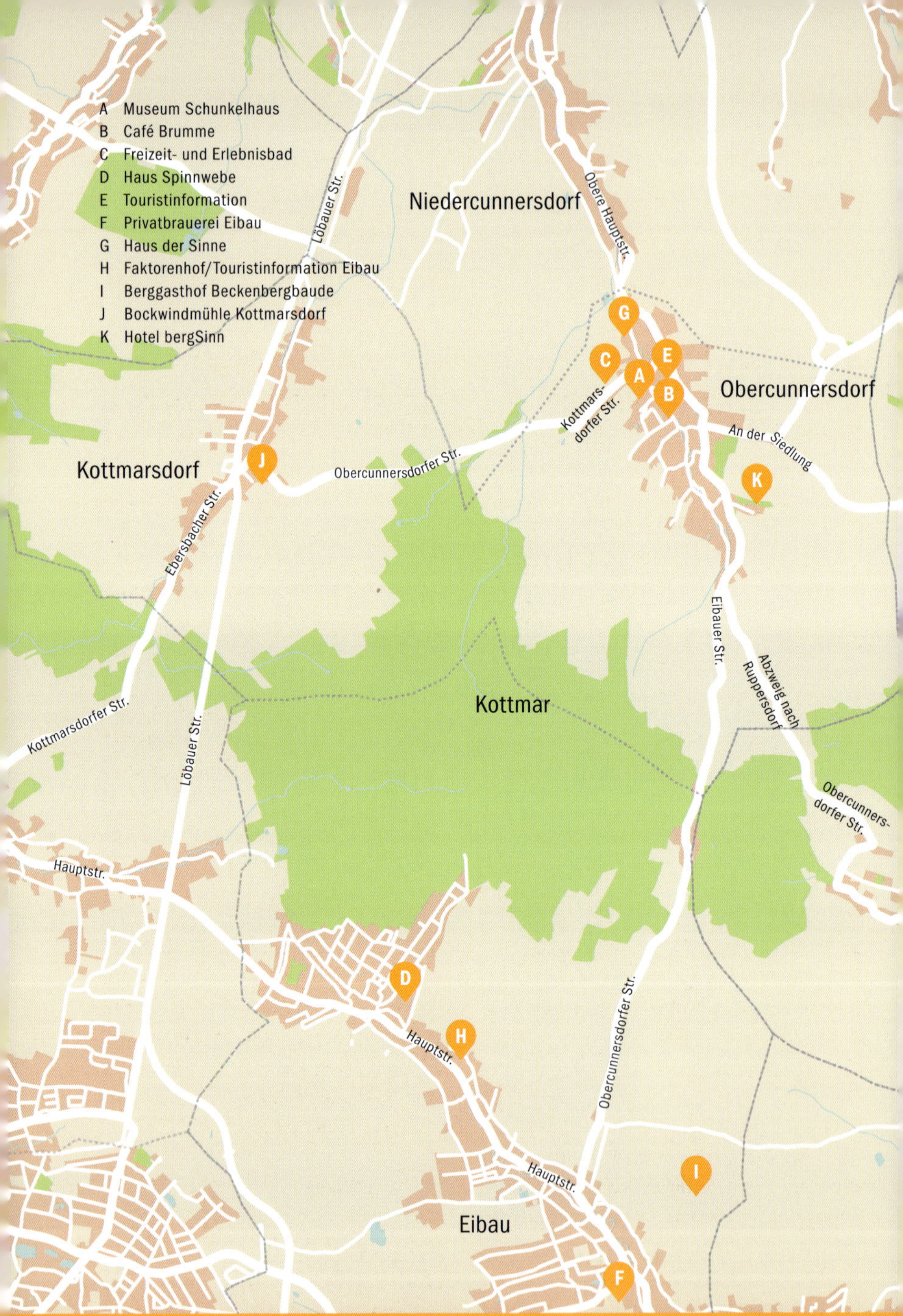

TOURISTINFORMATION OBERCUNNERSDORF

Hauptstraße 65 – 02708 Obercunnersdorf – Telefon: 035875 60954
www.obercunnersdorf.de

Raus ins Grüne

MEHR TIPPS FÜR OBERCUNNERSDORF

1. Lebensgefühl im Schunkelhaus
Auf elf Quadratmetern lebten Martha, Gustav und Marie Hübner. Ihr Zimmer hatte alles, was sie zum Leben brauchten: einen Kachelofen, eine Sitzecke, eine Waschschüssel und eine Nähmaschine. Seit 1994 ist es ein Museum.

2. Faktorenhof in Eibau
Eine Perle der Oberlausitzer Barockbauten mit bemalten Decken, Balken und Wänden sowie prunkvoll gestalteten Kassettenzimmern. Beeindruckendes Denkmal der Oberlausitzer Handwerkskunst.

3. Knarren in der Bockwindmühle
50 Tonnen Mühlenromantik auf dem Gipfel des Pfarrberges. An manchen Tagen drehen sich in Kottmarsdorf noch die Räder.

4. Gaudi im Erlebnisbad
Warmwasser drinnen und draußen, Rutschen, Sprudelsitze und Massagedüsen – Sommerspaß für die Familie.

5. Weben im Haus Spinnwebe
Die Arbeit an 250 Jahre alten Webstühlen in Walddorf macht Spaß. Die selbst gefertigten Stücke sind ganz besondere Urlaubserinnerungen.

SPANNENDE UND LEHRREICHE WANDERWEGE

Sagenpfad:
Die Dörfer Nieder- und Obercunnersdorf, Eibau, Kottmarsdorf und Walddorf gruppieren sich rund um den Kottmar. Der Berg, seine Spreequelle und seine Bedeutung als Wasserscheide haben die Fantasie der Dorfbewohner angeregt. Ein Teil der Geschichten wird auf dem Sagenpfad weitergegeben. Vom allgegenwärtigen Wasserreichtum, von einem Goldkeller oder von den Wolfsgruben wird auf dem Weg erzählt.

» Länge: 5,5 Kilometer » Dauer: 2,5 Stunden

Naturlehrpfad:
Nach dem Start an der Gemeindeverwaltung informieren 26 Hinweistafeln entlang der Strecke über heimische Pflanzen und Tiere. Fünf Schutzhütten laden unterwegs zu einer Rast ein. Nach ca. zwei Stunden kommt man wieder am Obercunnersdorfer Freibad an.

» Länge: 5 Kilometer » Dauer: 2 Stunden

OYBIN / LÜCKENDORF

GEHEIMTIPP DER ROMANTIKER

Kulinarische Meisterstücke

PFLAUMENGLÜCK UND HEISSE LIEBE

Die Natur kreiert Märchenbilder, schöner als jede menschliche Fantasie. Wie ein „Spielplatz der Götter" bilden zerklüftete Felsen in Oybin ein himmlisches Rund. Auf dem mächtigsten, dem Berg Oybin, thronen die mystisch-romantischen Ruinen einer alten Burg und eines Klosters. Eine überwältigende Kulisse, die Dichter und Maler schon vor Jahrhunderten beflügelte. Die Grimm-Brüder erzählten die Sage vom „Jungfernsprung", Caspar David Friedrich malte die Ruine. Inmitten dieser idyllischen Gebirgskulisse schmiegen sich Fachwerkhäuser an das Ufer des Goldbachs. Die Hotels sind kuschelig klein, keines höher als drei Stockwerke. In Lückendorf, auf der anderen Seite des Zittauer Gebirges, gleich hinter Waldtorwächter, Rosensteinen und Felsengasse, ist die Sonne zu Hause. Morgens wacht sie über dem tschechischen Pfaffenstein auf, wandert über das Böhmische Mittelgebirge und geht abends über dem Hochwald wieder unter. Ein zauberhaftes Lichtschauspiel über blühenden Wiesen, grünen Waldwipfeln und sanften Bergkuppen.

„Kochen ist wie Malerei –
ich nehme aus vielen Töpfen die Zutaten und kreiere etwas Neues."

Manuela Wowra, Wirtin im Holzwerk Oybin

Über die Gabler Straße, eine der ältesten Handelsstraßen Europas, rollten 500 Jahre lang Fuhrwerke, um Waren zwischen Mittelmeer und Ostsee zu transportieren. In der Schmiede wurden die Hufe ihrer Pferde beschlagen. In diesem historischen Baudenkmal kocht Schmiedewirt Andreas Schüller. Sein Meisterstück: Haxe mit Speckbohnen und Semmelknödeln. Ein Geheimtipp für Feinschmecker. Ob Holzwerk, Hochwaldbaude oder Alte Schmiede – die Köche der Region verstehen ihr Handwerk. Ihre Zutaten holen sie oft von den umliegenden Höfen. Im Herbst wird auf der Streuobstwiese im Dorf geerntet. Aus den Pflaumen backt Eiscafé-Besitzer Frank Hilbrecht jedes Jahr am Tag der Deutschen Einheit den längsten Pflaumenkuchen der Welt.

Köstlich aufgetischt

FUTTERTROG UND HEISSE LIEBE

Versteckt zwischen barocker Dorfkirche und den Wäldern und Wiesen vom Kretscham liegt die Alte Schmiede in Lückendorf. Der wuchtige Amboss, rostige Hämmer und Zangen zeugen von der Vergangenheit und sorgen für eine urige Atmosphäre in einem der schönsten Landgasthäuser Sachsens. Zur Stärkung nach langen Wanderungen bereiten die Wirte schmackhafte Kost: Im Schmiedetopf dampft deftiges Kesselgulasch, das Kutscherbrot wird mit Kochschinken, Tomaten- und Zwiebelringen, darauf zwei Spiegeleier, serviert und im Futtertrog sind verschiedene Salate angerichtet. Ein Gaumenschmaus besonderer Art ist der feurige Schmiedespieß. Und zum Abschluss eine Heiße Liebe als Dessert.

VERSCHNAUFPAUSE MIT WEITSICHT

Der Wanderweg mit dem gelben Strich führt vom Haus des Gastes in Oybin zu einer der herrlichsten Aussichten des Zittauer Gebirges. Der letzte Anstieg ist steil, doch die Anstrengung lohnt, denn auf dem Gipfel in 749 Metern Höhe wartet die rustikale Hochwaldbaude. Egal, ob im Sommer auf der Terrasse oder bei klirrendem Frost im Wintergarten, das einzigartige Farbenspiel der Sonne über den Wipfeln ist berührend. Dazu hausgemachte Sülze mit Bratkartoffeln und ein frisch gezapftes Bier.

KULINARISCHER PINSELSTRICH

Die Tür der 200 Jahre alten Brettmühle klemmt. Doch ein kleiner Ruck genügt, dann fühlt man sich wie zu Hause. An zwei langen Tafeln sitzen Gäste, reden und lachen, obwohl sie den Mund voll haben. Das Holzwerk ist anders. Es gibt keine Speisekarte, es gibt nur das, was die Wirtin gerade zubereitet. Hinter dem Tresen rollt Manuela Wowra Teig für Schälkließl (Oberlausitzer Schälklöße) aus, der Apfelkuchen duftet aus dem Backofen und auf dem Herd blubbert Suppe. Immer wieder reicht die Wirtin Häppchen – Naschen beim Kochen. Einfach dazusetzen, Wein trinken und sich überraschen lassen. „Früher habe ich mit Farben Wände gestaltet, heute kreiere ich mit frischem Gemüse, Bio-Fleisch und aromatischen Gewürzen feine Gerichte.“ Kochen macht der Malermeisterin Freude, das schmeckt man.

Süße Früchtchen

LOGENPLÄTZE FÜR POLKA, ELSANTA UND HARMONIE

Die Sonne im Rücken, einen verführerischen Duft in der Nase und nach Herzenslust naschen – sind im Mai die ersten Erdbeeren reif, ist Katrin Möse eine beneidenswerte Frau. Ab jetzt erntet sie jeden Tag die saftigen roten Früchte mit dem wunderbaren Glanz, so schön wie Paradiesfrüchte.

Die Erdbeerpflanzen in Möses Beerengarten werden wie kleine Königinnen behandelt. Die frühe Honeoye, die besonders süße Elsanta, die dunkelrote Polka und die knackige Harmonie haben einen Logenplatz in einem Meter Höhe. Unter ihrem Foliendach sind sie sicher vor Unwettern. „Vor zwei Jahren zerstörte ein Hagelschauer 80 Prozent unserer Ernte. Das kann uns jetzt nicht mehr passieren." Die Stellage hat auch andere praktische Vorteile: „Wir können durch die Tröpfchenbewässerung den Dünger gezielter dosieren und brauchen so weniger. Die Pflanzen tragen jetzt vom Frühjahr bis zum späten Herbst und vor allem müssen wir uns beim Pflücken nicht mehr bücken." Nur reife Beeren kommen ins Körbchen. „In unseren Erdbeeren steckt das Aroma der Sonne."

F Hier gibt es was zu naschen.

Süße Früchtchen, die nicht nur den Oybinern den Kopf verdrehen. Möses Erdbeeren werden auf dem Hof und an Ständen in der Umgebung verkauft, verfeinern das Dessert in der Alten Schmiede in Lückendorf.

Dufte Bienen

RENGERS
TAUSENDE KLEINE HELFERLEIN

Was für ein Gewusel im Garten vom Ferienhof Renger in Oybin, ein regelrechter Völkerflug. Doch nicht die Feriengäste eilen so geschäftig über die Wiese, es sind die Bienen von Horst Renger: „Das Frühlingserwachen der Natur hat sie beflügelt. Sie schwirren jetzt zu den Gärten und Streuobstwiesen rund um ihre Beuten." Ein Volk allein besucht zehn bis 15 Millionen Blüten am Tag, bestäubt sie und nimmt dabei gleich den fruchtigen Nektar mit. „Der Frühlingshonig ist hell und besonders süß", erklärt der Imker. Später fliegen die Bienen in den Wald, um in ihren Blasen kostbaren Honigtau der Insekten und Lindenblütensaft mitzubringen. „Ich habe dufte Bienen. Meine 25 Völker trugen in ihren besten Zeiten eine Tonne Honig in einer Saison zusammen. Rekordverdächtig." Renger schaut stolz auf die goldenen Schätze in Gläsern, die er im Haus des Gastes oder auf Festen verkauft. „Es ist reiner Naturhonig, denn in unserem Ort gibt es keine Landwirtschaft und wird keinerlei Chemie gespritzt."

G Hier bekommt man Einblicke in die Bienenzucht.

Raus ins Grüne

MEHR TIPPS FÜR OYBIN/LÜCKENDORF

1. Dampflok fahren
Täglich zwischen Oybin und Zittau, bei schönem Wetter sogar mit „Cabrio"-Waggons.

2. Aussichten genießen
Der Hochwaldturm sowie der Turm der Klosterkirchruine sind täglich geöffnet und bieten grenzenlose Ausblicke.

3. In Kirchen verweilen
Die Bergkirche Oybin ist ein Kleinod des deutschen Bauernbarocks. Auch die Dorfkirche Lückendorf ist ein Barockbau.

4. Mönchgesang hören
Wo die Mönche vom Orden der Chölestiner vor 700 Jahren hoch oben auf dem Oybin-Berg in einem Kloster lebten, ist bis heute leise ihr Gesang zu hören. Höhepunkt: der Historische Mönchszug mit Chorgesang von Mai bis September.

5. Großes ganz klein
Hier werden selbst die Kleinsten zu Riesen: In einer Scheune nahe der Naturbühne ist das Zittauer Gebirge im Miniaturformat zu erleben.

STEINZOO ENTDECKEN

Start am Parkplatz in Richtung der Kelchsteine (gelber Punkt). Die roten Sandsteinfelsen sind eine Fotopause wert. Es geht bergauf zur großen Felsengasse mit tollen Aussichten. Der weitere Weg führt durch eine beeindruckende Felsenwelt, vorbei am Scharfenstein, über die kleine Felsengasse auf den Töpfer (582 Meter). Sehenswert: Brütende Henne, Schildkröte und Papagei. Über die Oybinaussicht geht es durch die Kratzer Höhle bergab zur Teufelsmühle und entlang der Schmalspurbahn zurück.

» Länge: 5 Kilometer » Dauer: 3 Stunden

RADTOUR IM ZITTAUER GEBIRGE

Start im Zentrum von Oybin. Nach dem Anstieg in den Ortsteil Hain führt die Tour an der Kammbaude über die Grenze nach Tschechien in den Ort Krompach. Weiter geht es über Jonsdorf, Saalendorf nach Bertsdorf. Auf dem Viebig zwischen dem Seidelsberg und Pochberg wartet eine schöne Aussicht auf Zittau, die Stadt der Brunnen und des Fastentuchs. Weiter gehts Richtung Bahnhof Bertsdorf, durch den Wald nach Niederoybin und mit leichten Anstiegen an der Schmalspurbahn entlang zurück.

» Länge: 21 Kilometer » Dauer: 4 Stunden

TOURISTINFORMATION OYBIN

Hauptstraße 15 – 02797 Kurort Oybin – Telefon: 035844 73311
www.oybin.com

RAMMENAU

SCHLOSS UND PHILOSOPH

Genüsslich philosophieren

VOM WACHOLDERSCHINKEN BIS ZUR DEICHELMAUKE

Wer Rammenau besucht, bekommt es mit dem berühmten Johann Gottlieb Fichte zu tun. Hier, im damals ärmlichen Waldhufendorf, wurde der bedeutende Philosoph 1762 als Sohn von Bandwebern geboren. Als Kind hütete er Gänse, später prägte er als Vertreter des deutschen Idealismus Hegel und Hölderlin mit seinen Lehren. Ihm zu Ehren gibt es in Rammenau eine Fichtestraße, ein Fichte-Denkmal, einen Fichte-Lehrpfad, eine Fichte-Ausstellung, ein Gasthaus Fichtestube und sogar Fichte-Wein. „ ... es wird sicherlich nie wieder irgendein Wohlsein an uns kommen, wenn wir nicht selbst es uns verschaffen“, meinte einst der Philosoph. Na dann, Herr Fichte, lassen wir uns von den Reizen Ihres Geburtsortes verführen.

„Die Sinnenwelt erkennen wir, in der übersinnlichen Welt leben wir.“

Johann Gottlieb Fichte, Philosoph aus Rammenau

In der Fleischerei Haufe wird seit 1966 über den Geschmack von Wurst philosophiert. Sogar ein Patent entsprang dem Ideenreichtum von Christfried Haufe: die Buschmächern. „Das ist ein luftgetrockneter Schinken mit zartem Wacholdergeschmack“, erklärt Irina Haufe, die Frau des Fleischermeisters. Wer ihn kostet, kehrt wieder!

Doch nicht nur große Weisheit und feinen Schinken brachte der kleine Ort hervor. Die liebliche Hügellandschaft der Westlausitz inspirierte verschiedene Bauherren dazu, eines der schönsten Schlösser Sachsens zu errichten. Mit blauen Kornblumenfresken, paradiesischen Vogelporträts und bemalten Leinwandtapeten schufen die Dekorateure von einst eine illusionäre Welt, die bis heute ihre Faszination nicht verloren hat. In diesem zauberhaften Ambiente lässt es sich herrlich verweilen, um die Spezialitäten der Schlossküche zu genießen.

Magische Kräfte

DEICHELMAUKE – EINE HOMMAGE AN DIE LAUSITZ

Wie himmelblaue Wasseraugen schauen die vielen Teiche rund um Rammenau gen Firmament. Sie wurden dem morastigen Erlengrund in mühevoller Fronarbeit im 17. Jahrhundert abgerungen. Bis heute werden hier Karpfen gezüchtet. Auf dem Buschmühlenteich gleich gegenüber vom Schloss schaukeln zwei weiße Schwäne. Die Plastikvögel sind Botschafter der guten Laune und laden zu einer Tretbootrunde ein. Gemütlicher kann man Rammenau nicht erleben.

Die vielen Teiche haben die Lausitzer vor Jahrhunderten zu einem besonderen Gericht inspiriert, zur Deichelmauke. Dafür wird Rindfleisch – traditionell Fleisch aus der Hochrippe – mit Suppengrün, Markknochen, Lorbeerblatt, Salz und Pfeffer gekocht und dann in kleine Stücke geschnitten. In einen Berg Kartoffelbrei – nach Lausitzer Mundart auch Mauke genannt – wird mit der Kelle eine Kuhle gedrückt. In diese Kuhle kommen die Fleischstückchen, dann wird der „Teich“ mit viel Brühe und Sauerkraut aufgefüllt. Der Legende nach hat die Deichelmauke magische Kräfte und sorgt für ein langes Leben. Heute ist das Gericht eine Hommage der Lausitzer an ihre einzigartige Kulturlandschaft. In der Fichtestube wird die Deichelmauke mit Rinderzunge und Wurzelgemüse modern interpretiert.

„Mir wulln ni meckern und ni kloagn, bei uns is Labn no im Ort. Mir ham poar Kneipen und viel Loadn, und hoffn, die bleibn lange dort.“

Harald Willenberg, Rammenau 2005

GOLDTRÖPFCHENKUCHEN

Am Ende der Fichtestraße, gleich neben dem Schloss, beginnt der Wanderweg auf den Tannenberg (372 Meter). Vom Kamm hat man einen herrlichen Panoramablick hinunter aufs Dorf. Wer nach dem Abstieg Appetit auf Süßes hat, sollte im Café Fichte 15 einkehren. Hier bäckt Bärbel Helas wie zu Omas Zeiten. Ihre Spezialitäten: Himmelstochter mit Baiser und Mandarinen, Goldtröpfchen, ein Käsekuchen, und der Milchreis-Himbeer-Kuchen.

SPEISEN WIE DIE FEINEN HERRSCHAFTEN

Johann Gottlieb Fichte sah als kleiner Junge zu, wie in seinem Dorf ein prächtiges Schloss gebaut wurde. Wer durch den pompösen Spiegelsaal, das verspielte Chinesische Zimmer und das mystische Teufelszimmer im Barockschloss Rammenau schlendert, kann sich lebhaft vorstellen, wie Rittmeister Friedrich von Kleist einst hier residierte. Im Gartensaal werden bis heute die Speisen der Herrschaften des 18. und 19. Jahrhunderts serviert. Kalbsmedaillons, glasierte Rehkeule oder Rinder-Rotweingulasch sind ein fürstlicher Genuss für jedermann.

„Unser Ziegenkäse schmeckt nach frischer Wiese und Weideglück."

Rolf Seim, Ziegenhof Lauterbach

HOFLADEN

Gutes von Lausitzer Höfen

„Meine Ziegen meckern nie, denn sie haben alles, was sie brauchen: Sonne, Wind, Regen und eine saftige Wiese. Sie sind tierische Freunde: neugierig, quirlig und lassen sich gerne auch mal streicheln", sagt Rolf Seim vom Ziegenhof Lauterbach.

ALLES ZIEGE – 100 PROZENT BIO

Morgens und abends trappeln von März bis November die 110 Ziegen von Doreen und Rolf Seim zur saftigen Wiese. Neun Monate knabbern sie Frischkost pur. Aus der duftenden Wiesen-Milch produzieren die Seims seit 2004 Frisch-, Weich- und Schnittkäse mit feinem, mildem Geschmack in zertifizierter Bio-Qualität.

K Hier gibt es den besten Käse.

Im Hofladen Menzel gibt es viele Köstlichkeiten aus der Region: Obst liefert Vater Steffen, Kuhkäse kommt von der Hofkäserei Vetter, Ziegenkäse vom Hof Lauterbach, Mehl von der Rätze-Mühle und Bio-Brot aus Diemen.

GUT KIRSCHEN ESSEN

Nur 25 Kilometer von Rammenau entfernt, am Fuß der Burg Stolpen, reifen Früchte heran, die köstlicher nicht sein könnten. Hätte Steffen Menzel vor 300 Jahren gelebt, wäre er mit seinen knackig-aromatischen Kirschen, den saftigen Williams Christbirnen und den leuchtend roten Apfelsorten Rubinette, Topaz und Braeburn der Hoflieferant der Gräfin Cosel geworden. Kein Wunder, ist der Obstbauer doch ein genussvoller Qualitätsprüfer. „Jeden Tag nasche ich direkt von den Bäumen, kann einfach nicht genug bekommen", sagt er. Und schwupps landet die nächste Kirsche im Mund.

F Hier gibt es die süßen Kirschen.

A Barockschloss Rammenau
B Gaststätte Fichtestube
C Café Fichte 15
D Fleischerei Haufe
E Hofladen Menzel
F Obstbau Menzel
G Touristinformation
H Altes Gefängnis
I Fichte-Denkmal
J Schau-Bienenstock
K Ziegenhof Lauterbach

TOURISTINFORMATION RAMMENAU

Aue 1 (Alte Schmiede) – 01877 Rammenau – Telefon: 03594 703406
www.rammenau.de

Raus ins Grüne

MEHR TIPPS FÜR RAMMENAU

1. Auf Fichtes Spuren wandeln
Vom Gänsejungen zum Gelehrten – Ausflug in die Kindheit des Philosophen.

2. Altes in der Alten Schmiede
Dorfgeschichte schnuppern im einzigen Umgebindehaus des Ortes. Früher Schmiede, heute Touristinformation.

3. Führung mit Kammerzofe
Wer kennt den Klatsch und Tratsch im Schloss besser als die Kammerzofe? Eine historische Führung im Kostüm durch Schlossanlage und Kräutergarten – ein einmaliges Erlebnis.

4. Internationale Leinentage feiern
Mehr als 200 Manufakturen zeigen, was man aus Leinen machen kann.

5. Gartenpracht erleben
Im Mai verzaubern erst die Rhododendren, danach den ganzen Sommer lang die Hortensien. Wegen seines schmucken Ortsbildes wurde Rammenau 2013 „Schönstes Dorf Deutschlands".

RADTOUREN IN DER WESTLAUSITZ

Die Westlausitz zwischen Dresden und Bautzen bietet prächtige Schlösser, traditionelles Handwerk und eine sanfte Hügellandschaft. Dazu führen einige der schönsten Radrouten durch Rammenau.

Röderradroute
Folgt der Großen Röder von der Quelle in Rammenau über Großröhrsdorf und Großenhain bis Bad Liebenwerda in Brandenburg.

» Länge: 120 Kilometer

Kulturroute
Führt an Parks, Schlössern, Museen, Galerien und Gärten sowie den schönsten Baudenkmälern der Region entlang.

» Länge: 56 Kilometer

Produktroute
Zu Besuch bei Bandwebern, Blaudruckern, Pfefferküchlern und Töpfern, aber auch in Schauwerkstätten, in Manufakturen und auf Höfen.

» Länge: 62 Kilometer

SCHLEIFE

TRADITIONEN UND LANDSCHAFTSWANDEL

Feiern auf Sorbisch

MIT NJEPILA-BROT, EIERSUPPE UND JEDER MENGE BLECHKUCHEN

„Wolfszähne sind ganz einfach", erklärt die achtjährige Anika. Sie greift sich einen Gänsekiel, taucht die Spitze in flüssiges Wachs und führt sie dann zu ihrem noch warmen Hühnerei. Ein winziges, perfektes Dreieck erscheint auf der weißen Schale – ein Wolfszahn, Symbol für Kraft und Schutz vor dem Bösen. Anika und ihre drei Freundinnen sitzen in der Ostereier-Werkstatt im Sorbischen Kulturzentrum Schleife in der Lausitz. Am zweiten Wochenende vor Ostern herrscht buntes Markttreiben. Mehr als 30 Ostereiermalerinnen zeigen ihre Kunstwerke, es wird gesungen, getanzt, überall duftet es nach regionalen Köstlichkeiten.

„Wir kochen die uralten Rezepte unserer Großeltern und Urgroßeltern. Wir tragen ihre Trachten und feiern ihre Feste. Diese sorbischen Traditionen prägen unser Leben."

Marlies Nagorka, Sorbin aus Schleife

Das verträumte Schleife liegt an der Grenze zwischen Brandenburg und Sachsen. Liebevoll gepflegte Höfe mit viel Land drumherum liegen zwischen Feldern und Wiesen. Mittendrin das Wahrzeichen des Ortes: die spätgotische Kirche mit dem sechseckigen Turm. Der älteste Teil, der Altarraum, stammt aus der Zeit, als sich im 12. und 13. Jahrhundert die ersten Sorben in der Lausitz ansiedelten. Leise schlängelt sich der Breite Graben durch den Ort und bildet einen kleinen Dorfteich, bevor er schließlich in die Struga mündet. Schleife liebt seine sorbischen Traditionen: am 25. Januar die Vogelhochzeit, im Februar wird gezampert, der Schornsteinfeger vertreibt den Winter. Dann kommt Ostern, am 1. Mai wird der Maibaum aufgestellt, im Herbst ist Kirmes und der Njepila-Hof lädt im September zum Hoffest und im Januar zum Schlachtefest ein. „Die Organisation der Feste mit Hilfe unserer Vereine schweißt unseren Ort zusammen", erklärt Sylvia Panoscha vom Sorbischen Kulturzentrum.

Dajće sej słodźeć!

GUTEN APPETIT!
ZÜNFTIGES SCHLEMMEN AUF DEM NJEPILA-HOFFEST

Wenn in Schleife gefeiert wird, dann biegen sich die Tische. Am letzten September-Sonntag ist Hoffest auf dem denkmalgeschützten Njepila-Hof in Rohne. Dann treffen sich die Frauen vom Njepila-Hof-Verein zum Kochen und Backen.

Während vor der Haustür der geschnitzte Heimatdichter Hanzo Njepila an sein Leben vor 250 Jahren auf diesem Hof zurückdenkt, sitzen Gerdi, Lydia, Ingrid und Annemarie auf der Gartenbank neben ihm und schälen Kartoffeln für Klitscher und Krautmauke. In der alten Küche rühren Gertrud und Anne ein Kilogramm Hefe für Streusel-, Mohn-, Zupf-, Pflaumen- und Mandarinen-Quarkkuchen an. Manfred Nickel, Vorsitzender des Njepila-Hof-Vereins, heizt den Ofen im Backhaus mit Reisig ein. „Wir backen 16 Kuchenbleche, 30 Njepila-Brote und fünf Baba-Napfkuchen nach uralten Rezepten unserer Großmütter", erzählt Stephanie Bierholdt von der Touristinformation in Schleife. Am nächsten Morgen sind die Frauen in ihren farbigen Kleidern kaum wiederzuerkennen. „Die Trachten sind wichtiger Teil unseres sorbischen Dorflebens", sagt Marlies Nagorka vom Njepila-Hof-Verein. Um 9.30 Uhr beginnt das Fest mit einem zweisprachigen Gottesdienst.

Danach wird es fröhlich mit Schalmeienkapelle, Trachtentänzern und Chorsängern. Ein Hochzeitszug zieht über den Hof, auf dem Bauernmarkt gibt es regionale Produkte und abends werden Stockkartoffeln am Lagerfeuer geröstet. Es sind lebendige Traditionen, die zu erleben und zu kosten sich unbedingt lohnt.

Prampany kał –
die typisch sorbische Krautmauke

Zutaten für 6 Portionen: 1 Rotkohlkopf, 1 kg Kartoffeln, 250 g fetter Speck, Pfeffer, Salz

Zubereitung: Rotkraut fein zerschneiden und mit reichlich Wasser und ein wenig Salz gar kochen. Wenn das Kraut weich ist, vom Ofen nehmen, das Wasser jedoch nicht abgießen. Mit viel ausgelassenem Speck anmachen und mit Pfeffer und Salz abschmecken. In einem Topf geschälte Kartoffeln kochen, abgießen und stampfen. Dann langsam das Rotkraut mit der Brühe in die Stampfkartoffeln geben und dabei rühren, sodass ein dicker Brei entsteht. Im tiefen Teller servieren und mit dem Löffel essen. Gehaltvoll und würzig!

Willkommen bei Freunden

GLÜCKSBRINGER-BEGRÜẞUNG MIT URIGEM BROT UND SALZ

„Dobry dźeń!“ „Guten Tag!“ Im Sorbischen Kulturzentrum Schleife werden Gäste gerne mit Brot und Salz willkommen geheißen. Der symbolhafte Empfang soll Glück bringen. Das Brot steht für das Lebensnotwendige, während das Salz dem Leben die nötige Würze verleiht. Es heißt, geteiltes Brot und Salz besiegelt eine ewige Freundschaft.

Für dieses liebenswürdige Ritual wird manchmal ein besonderes Brot gebacken, das Njepila-Brot. Der damalige Bäcker

Tschammer im Ortsteil Rohne hat es für das erste Hoffest 2000 auf der Grundlage alter Rezepturen der Region kreiert. In ihm stecken neben Roggen- und Weizenmehl auch Hanfmehl, Hanfsamen und Buchweizengrütze.

Die Laibe haben eine grobe Konsistenz, unsere modernen Gaumen müssen sich erst daran gewöhnen. Belegt mit Wurst, bestrichen mit Schmalz oder dem berühmten Kochkäse ist es eine Delikatesse vergangener Zeiten.

KIRMES MIT DEM APFELPAPST UND SEINEN SAMMLERSTÜCKEN

„Hier, kosten Sie mal!“ Dr. Hilmar Schwärzel reicht einen kleinen, roten Apfel. „Sie müssen Ihre Sinne eichen, den Saft über Ihre Geschmackspapillen rollen lassen, die aromatische Fülle erfassen“. Dr. Schwärzel ist Leiter der Obstbau-Versuchsstation Müncheberg. Über 1 000 historische Apfelsorten wachsen dort, die meisten hat der leidenschaftliche Pomologe in den vergangenen 30 Jahren entdeckt. „Ich sammle überall Zweige von historischen Sorten, die ich in Müncheberg veredle und so erhalte.“

Auf der großen Apfelsortenschau im Sorbischen Kulturzentrum Schleife präsentiert er einen kleinen Teil aus seinem Landes-Sortengarten, 170 Sorten vom Sächsischen Königsapfel bis zum Rheinischen Krummstiel. Wenn Dr. Schwärzel dabei ist, erzählt er humorvoll Geschichten über jeden einzelnen Apfel und gibt Tipps für den Anbau und die Pflege.

Raus ins Grüne

MEHR TIPPS FÜR SCHLEIFE

1. Mulkwitzer Hochkippe besteigen
Ende der 1960er-Jahre aufgeschüttet und später rekultiviert, hat sich ein beeindruckendes Naturareal entwickelt. Hier wachsen Kiefer, Birke, Roteiche, Weiß- und Roterle, Pappel, Weide, Robinie, Traubeneiche, Feldahorn, Europäische Lärche und Winterlinde.

2. In Strittmatters Laden verweilen
In Bohsdorf steht der „authentische Schauplatz" aus der Romantrilogie von Erwin Strittmatter.

3. Fürst-Pückler-Park genießen
Das UNESCO-Welterbe liegt in Bad Muskau auf der deutschen und polnischen Seite der Neiße. Es ist ein romantischer Landschaftspark mit altem Schloss, Orangerie und Tropenhaus.

4. Rhododendren bewundern
Im 200 Hektar großen Landschaftspark in Kromlau stehen nicht nur altehrwürdige Gehölze, sondern auch ein Schloss und die Rakotzbrücke.

TRIMM-DICH-PFAD

Start am Südufer des Halbendorfer Sees nahe Trebendorf. Der Rundweg führt um den See. Ob Spaziergang, Walking oder Jogging: Inmitten der Flora und Fauna des Feuchtgebietes lässt sich an 20 Stationen von der Klimmzugstange bis zur Hangelleiter auf außergewöhnliche Weise die Fitness trainieren. Ein wunderbarer Waldsportpfad mit einer besonders schönen Strecke.

» Länge: 6 Kilometer

SCHLEIFER SAGEN-TOUR

Start am Sorbischen Kulturzentrum Schleife. Die Radtour führt entlang der von Holzkünstler Thomas Schwarz geschaffenen Skulpturen mit Motiven aus Schleifer Sagen. In Trebendorf treffen Sie Dudelsackspieler und die Lutki, in Mulkwitz den Starken Lysina, in Rohne Hanzo Njepila und in Schleife die Sage vom Schlangenkönig sowie zwei Wandreliefs zu Brauchtum, Sagen und Trachten der Schleifer Region.

» Länge: 18 Kilometer » Dauer: 3 Stunden

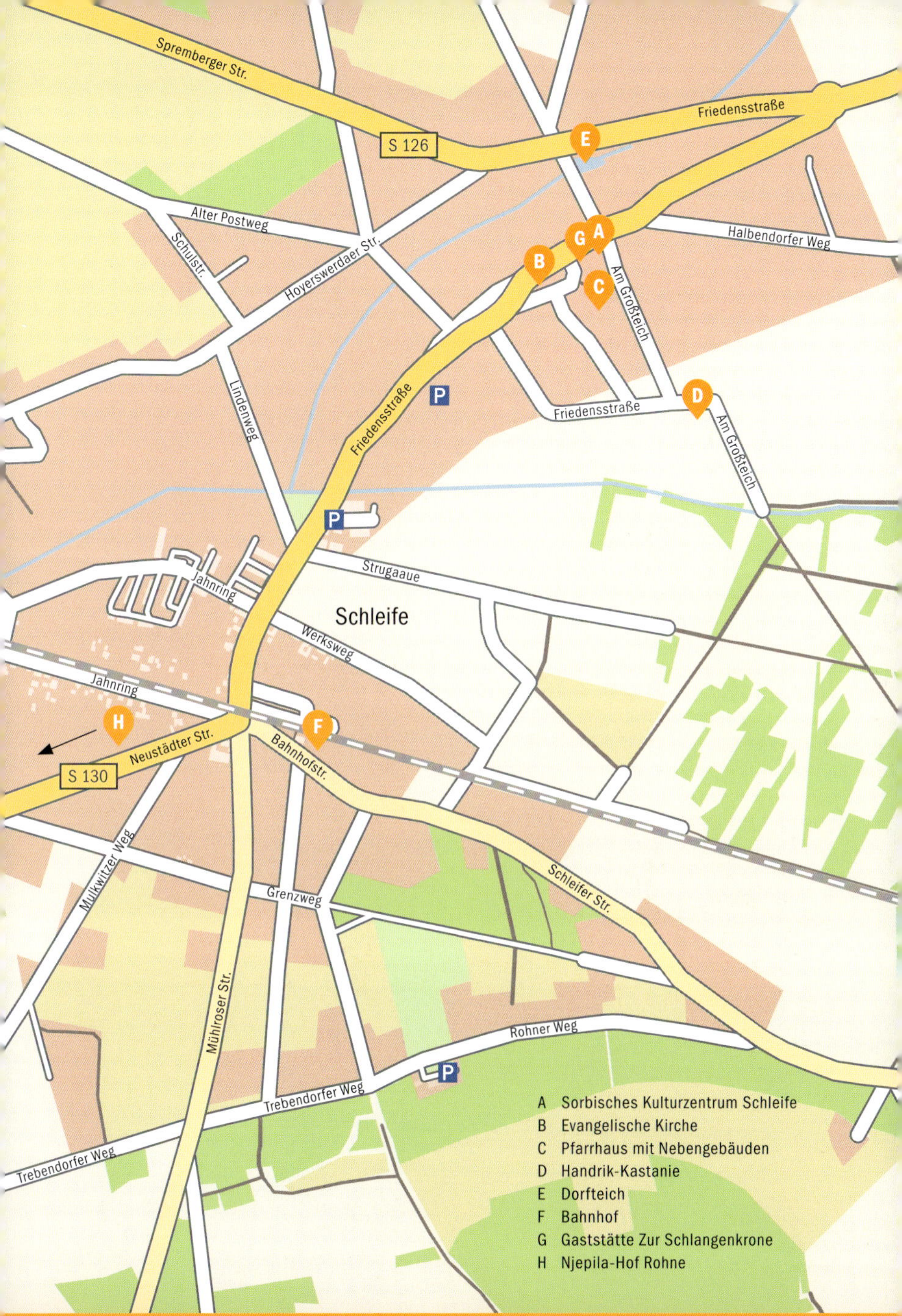

SORBISCHES KULTURZENTRUM SCHLEIFE

Friedensstraße 65 - 02959 Schleife - Telefon: 035773 77230
www.schleife-slepo.de

SCHWARZKOLLM

DAS KRABATDORF

Sagenhafter Schmaus

KRABATELLO UND SCHWARZES EIS

„Im Dorfe Eutrich bei Königswartha lebte vor Jahrhunderten ein armer Viehhirt. Sein Stiefsohn, der kleine Krabat, musste frühzeitig vor fremden Türen um Almosen bitten. So kam er auch einmal nach Schwarzkollm. Dort hauste in der Teufelsmühle ein alter Mann, der als Schwarzkünstler verschrien war.“

Alfred Meiche, Sagenbuch des Königreichs Sachsen, Leipzig 1903

So beginnt die Sage, die seit mehr als 300 Jahren in der Lausitz erzählt wird. Schriftsteller wie Jurij Brezan und Otfried Preußler haben die Legende aufgegriffen und sie in ganz Deutschland berühmt gemacht. Wer heute nach Schwarzkollm kommt, entdeckt sie sofort: die schwarzen Raben, die sich keck auf Dachfirsten, Torbalken und Feldsteinen niedergelassen haben. Die witzigen Gesellen von Keramikkünstler Andreas Hegewald locken in eine Seitenstraße, einen kleinen plätschernden Bach entlang. Und dann taucht sie tatsächlich auf: die Schwarze Mühle des Teufels.

Die KRABAT-Mühle ist ein sagenhaftes Kulissendorf aus dem 16. Jahrhundert, geschaffen aus acht traditionellen Häusern der Lausitz. Aufwändig wurden dafür eine 400-jährige Scheune, ein denkmalgeschütztes Wohnhaus, ein altes Wendentor und historische Kachelöfen hierhin umgesetzt. Wo noch vor wenigen Jahren die Braunkohle alles bestimmte, erobert nun der Müllerknappe Krabat die Herzen der Menschen.

Mehr als 40 000 Besucher kommen jedes Jahr in das Dorf mit den vier Hügeln und den tiefen, dunklen Kiefernwäldern. In der Dorfmitte sprudelt ein KRABAT-Brunnen, KRABAT-Rad- und Wanderwege folgen den schaurig-moorigen Spuren des cleveren Zauberlehrlings aus der Sage und im Gasthaus Zur Rabenmutter kredenzt Koch Paul Penke rabenschwarzes Vanilleeis.

*„Mit beiden Händen in der Erd
zu graben und Gepflanztes
heranwachsen zu sehen, das ist
meine Freude."*

Michael Domanja, Gemüsehof Domanja

Eine Spargel-Liebe

ZAUBERHAFTE KREATIONEN

Rabenmütter sind böse? In Schwarzkollm weiß jedes Kind, dass die schwarzen Vögel verzauberte Müllerburschen sind und Die Rabenmutter eine Gaststätte mit schmackhafter Küche ist. Am Herd steht Paul Penk, ein junger Koch, der im Nachbarort Welzow gelernt hat. Er schält gerade weißen und grünen Spargel. Die Stangen quietschen, so frisch sind sie. „Der Spargel wurde heute Morgen auf dem Gemüsehof Domanja gestochen", erzählt der Wirt, während er sie in heißer Butter anbrät. „Die Lachsforelle ist von der Teichwirtschaft Ringpfeil in Wartha." Ihr Fleisch leuchtet zartrosa. Das gebratene Fischfilet serviert der Koch auf Kartoffelpürree mit Spargel und selbst zubereitetem Bärlauchpesto, garniert mit gedünsteten Spargelschalen. „Ich experimentiere gerne, probiere neue Rezepte aus, hole mir Anregungen aus Kochbüchern." Eine seiner überraschenden Kreationen: Rabenschwarzes Vanilleeis mit Apfelmus und Eierlikör. Ein sagenhaftes Geschmackserlebnis.

F Hier geht es zu den zauberhaften Kreationen.

SPARGEL VOM GEMÜSEHOF DOMANJA

Wenn sich die ersten weißen Köpfe aus den schwarzen Erdhügeln recken, hüpft das Herz von Michael Domanja: „Spargelstangen sind unsere Frühlingsboten." Die Domanjas sind Urgesteine des Gemüseanbaus, die letzten in der Lausitzer Region. Sie bauen Früchte, Kräuter und Gemüse so sorgsam wie möglich an, düngen mit Stallmist, bekämpfen Schädlinge mit Nützlingen und freuen sich über Regenwürmer. Seit 2004 führt Sohn Matthias den Hof. Trotzdem ist der 82-Jährige jeden Tag auf dem Acker und hilft beim Säen, Jäten und Ernten. Ein erfülltes Leben mit der Natur.

H Hier gibt es Spargel und anderes Gemüse der Saison.

Reif für den Käse

Krabats Buttermilchplinsen

Wer durch die KRABAT-Mühle spaziert, wird unweigerlich vom Duft frisch gebackener Eierkuchen angezogen. In der Bauernstube wird die regionale Spezialität der Lausitz, die hier Buttermilchplinse heißt, noch wie zu Krabats Zeiten gebacken: rund, dick und fluffig leicht.

Zutaten für ca. 6 Plinsen: 500 ml Buttermilch, 250 g Mehl, 1 Prise Salz, 1 Messerspitze Natron, 2 Eier

Zubereitung: Buttermilch mit Eiern verrühren, Mehl, Natron und Salz dazu geben und alles gut vermengen. Teig ca. 10 Minuten ruhen lassen. Fett in der Pfanne zerlassen, die Plinsen von beiden Seiten goldbraun braten. Mit Zucker bestreuen und Apfelmus dazu servieren.

KRABATELLO, BERGKÄSE UND SCHWARZER MÜLLER

Kuh 20303 hat sich auf ihrem frischen Strohbett ausgestreckt, während Kuh 20336 genüsslich Mais-Silage, Feld- und Wiesenmix malmt. Die 300 Milchkühe in der KRABAT MILCHWELT haben ein schönes Zuhause. Ihre Ställe sind luftig, taghell, sauber und bieten Platz für kleine Spaziergänge. Sogar elektrische Massagebürsten gibt es hier. Ihr Futter wird auf dem Acker vor der Haustür angebaut, ihre Gülle in Strom verwandelt und mit dem Mist wird das Feld gedüngt. „Erst dieser geschlossene Kreislauf macht Landwirtschaft sinnvoll“ erklärt Tobias Kockert, Geschäftsführer der MILCHWELT, die Philosophie der 14 Gesellschafter.

„Guter Geschmack will reifen, ein aromatischer Käse braucht Zeit.“

Käsemeister Joseph Klant

Ein Teil der frischen Milch wird gleich auf dem Hof zu Butter, Joghurt, Quark und vor allem aromatischem Käse veredelt. Käsemeister Joseph Klant verrät: „Milchprodukte sind lebendige Wesen, die gepflegt werden wollen.“ Krabatello, der junge Weißkäse, ist schon nach wenigen Tagen reif, der Schwarze Müller, ein geräucherter Weißkäse, braucht etwas länger. Die Laibe des Bergkäses aber werden ein halbes Jahr lang zwei- bis dreimal pro Woche gewendet, befeuchtet und gebürstet. „Wir setzen moderne Technik schonend ein, machen aber vieles noch in Handarbeit. So bleiben die wertvollen Inhaltsstoffe der Milch erhalten und der Käse wird zum Genuss.“

TOURISTINFORMATION SCHWARZKOLLM

Dorfstraße 75 – 02977 Hoyerswerda/OT Schwarzkollm – Telefon: 035722 91257
www.schwarzkollm.de

Raus ins Grüne

MEHR TIPPS FÜR SCHWARZKOLLM

1. Sorbisches Brauchtum
Beim Ostersingen, Maibaumwerfen und anderen sorbischen Festen können Sie sich von der Vielfalt des Brauchtums faszinieren lassen.

2. Historischer Ortskern
Vierseithöfe mit traditionellen Torbögen und die alte Marienkirche aus dem 13. Jahrhundert sind sehenswerte Ziele im über 600 Jahre alten Straßenangerdorf.

3. KRABAT-Mühle
Einmal dem Ruf des Schwarzen Müllers folgen, das Klappern der Teufelsmühle hören und in die Welt des Zauberlehrlings Krabat eintauchen.

4. Dorfidylle
Idyllische Obstbaumalleen entlangschlendern, dem Plätschern des Dorfgrabens lauschen oder am Dorfteich die Enten beobachten. Schwarzkollm ist ein Örtchen für ruhige Momente.

5. Raben-Liebhaber
Nehmen Sie den verzauberten Müllerburschen mit nach Hause, als originelle Tonfigur von Töpfer Andreas Hegewald.

SCHWARZKOLLMER AUSSICHTEN

Von der KRABAT-Mühle geht es vorbei an Pfarrteich, Marienkirche, Dorfaue und Scheunenweg den Kammweg hinauf zu einer spektakulären Aussicht. Der landschaftlich schön gelegene Petzerberg ist eingebettet in den ausgedehnten Schwarzkollmer Wald. Ein Stück geht es den KRABAT-Rad- und -wanderweg entlang, dann zweigt die Route am Petzerberg wieder ab, um zur KRABAT-Mühle zurückzukommen.

» Länge: 5 Kilometer » Dauer: 1 Stunde

AUF KRABATS SPUREN

Die Radwanderroute berührt die wichtigsten Orte der KRABAT-Geschichte und führt durch flaches bzw. leicht hügeliges Land. An der KRABAT-Mühle startend, geht es zum KRABAT-Vorwerk in Groß Särchen, zur KRABAT MILCHWELT in Kotten, zum KRABAT-Spielplatz in Kamenz, zum Zisterzienserinnenkloster St. Marienstern in Panschwitz-Kuckau, zur Wallfahrtskirche in Rosenthal, zum Friedhof in Ralbitz und zur Bockwindmühle in Dörgenhausen.

» Länge: 80 Kilometer » Dauer: 1 Tag

Sächsische Schweiz

HINTERHERMSDORF

Wanderidyll im Nationalpark

SAUPSDORF

Das Dorf mit Weitblick

1

2

3

4

5

1 Forellen aus Rathmannsdorf
2 Umgebindehaus, Hinterhermsdorf
3 Rast im Wanderstübel, Hinterhermsdorf
4 Neoromanische Kirche, Saupsdorf
5 Wiesenkräuter, Saupsdorf
6 Blick auf die Engelkirche, Hinterhermsdorf
7 Dorfkern in Saupsdorf
8 Reiche Ernte, Hinterhermsdorf

HINTERHERMSDORF

WANDERIDYLL IM NATIONALPARK

Deftige Hausmannskost

SOLJANKATÖPFCHEN UND FORELLENSCHMAUS

Nur eine einzige Straße führt in den östlichsten Zipfel der Sächsischen Schweiz. Sie schlängelt sich von Bad Schandau aus an der Kirnitzsch entlang. Unterwegs klingelt fröhlich wie seit mehr als 100 Jahren schon die historische Straßenbahn, stürzt sich der Lichtenhainer Wasserfall in die Tiefe und laden urige Gasthäuser ein. Danach kommt Wald, nichts als dichter, dunkler Wald. Die Weißtannen und mächtigen Fichten scheinen Hinterhermsdorf vor dem Trubel der Touristenmassen zu verstecken. So ist das Örtchen noch immer ein wohl gehüteter Geheimtipp.

„Unsere Forellen plätschern anderthalb Jahre in frischem Bachwasser. Das macht sie so schmackhaft."

Heiko Sieber, Forellenzucht am Lachsbach

Dabei ist es eins der „Schönsten Dörfer Sachsens" (2001 ausgezeichnet), geprägt von liebevoll gepflegten Umgebindehäusern, manche modern in taubenblau oder hellgrau gestrichen, andere klassisch schwarz oder braun. Viele Giebel sind mit feinen Schiefer-Ornamenten verziert. Mehr als 70 dieser Dorfschönheiten gibt es hier, 61 davon stehen unter Denkmalschutz. Hinterhermsdorf ist ein Sackgassendorf. Wer zu weit fährt, landet unweigerlich auf einem der Wanderwege in die geschützte Kernzone des Nationalparks Sächsisch-Böhmische Schweiz. Es sind idyllische, oft einsame Pfade zu bizarren Felsformationen wie der Hickelhöhle, zum Altarstein oder zum Prebischtor, die vor allem sportliche Gipfelstürmer-Herzen höher schlagen lassen. Geruhsamere Wandersleute steigen auf den Aussichtsturm auf dem Weifberg, genießen das spektakuläre Panorama der Sächsischen und Böhmischen Schweiz oder spazieren durch das stille Weißbachtal. Unverzichtbar für alle aber ist eine Kahnpartie durch die Klamm mit Rast in der Rindenhütte.

Hausmanns-kost

MACHT MÜDE BEINE FLOTT

„Papa, wohnt hier die Hexe?", will die kleine Paula wissen, als sie das urige Haus entdeckt, das sich unter einen Felsvorsprung an der Oberen Schleuse duckt.

Sächsisch für Anfänger:
„Hier orbeiden Äggsperden."
„Oorschwärbleede."
„Eiaschägge."
(Fenstersprüche an der Rindenhütte)

Nein, die alte Rindenhütte ist ein gemütliches Rastplätzchen. Hier kocht Grit Hausmann wie anno dazumal: ohne Strom und ohne fließend Trinkwasser, dafür mit einer gehörigen Portion sächsischem Humor. Ihre Zutaten karrt sie seit 17 Jahren jeden Morgen mit dem Handwagen in die Hütte: zwei große Kanister Wasser für Kaffee, Bockwurst und Suppe, dazu Bier, Limo, Gemüse und Holz für den Küchenherd. Obendrauf frisch gebackene Mandelecken oder eine Eierschecke. Kaum ist alles in Regal und Felsenkeller verstaut, schnippelt die fröhliche Wirtin am großen Küchentisch Zwiebeln, Paprika, saure Gurken, Jagdwurst und Wiener für die Lieblingssuppe ihrer Hüttengäste: Soljanka. Sobald das Feuer im Herd knistert, brät sie alle Zutaten im großen Topf an, würzt mit Lorbeer, Piment, Pfefferkörnern, etwas Ketchup, süßem und scharfem Paprika und gießt die vorbereitete Brühe dazu. Schon bald zieht ein köstlicher Duft durch die Kirnitzschtalschlucht. Es soll Wanderer geben, die extra wegen einer Tasse dieser Soljanka zur Oberen Schleuse wandern. Die Kahnpartie danach durch die wildromantische Klamm ist wie ein gelungenes Dessert: Sie krönt den Tag.

M Hier gibt es die würzige Soljanka.

Einkehr zur
Rindenhütte

Zwei sächsische Originale

WARME LACHSFORELLE MIT KARTOFFELSALAT

In Rathmannsdorf, wo die kleinen Quellflüsse Sebnitz und Polenz zum Lachsbach zusammenfließen, tummeln sich muntere Forellen im glasklaren Bergwasser. In 110 Becken wachsen hier Regenbogen- und Lachsforellen zu Delikatessen heran. Nach anderthalb Jahren sind sie ausgewachsen und 300 bis 500 Gramm schwer. Einige der fangfrischen Fische werden eine Nacht lang in einer Salzlake eingelegt, bevor sie am nächsten Tag im Räucherofen über Buchenholzspänen zu Gourmethäppchen smoken. Ofenwarm werden sie mittags zum urigen Wanderstübel nach Hinterhermsdorf geliefert. Dort kommen die warmen Räucherforellenfilets mit Kartoffelsalat und frischem Meerettich auf den Tisch – als delikate Energiespender vor der Wanderung oder kräftige Muntermacher danach.

L Hier gibt es das unschlagbare Sachsen-Duo.

Sächsischer Kartoffelsalat

Er ist der Star unter den Heiligabend-Gerichten, schmeckt aber das ganze Jahr: Kartoffelsalat. Andreas Krömtz aus dem Wanderstübel bereitet ihn auf sächsische Art zu. Zu Kartoffeln, Sauren Gurken, Apfel und Zwiebel kommt eine Portion Fleischsalat.

Zutaten für 4 Portionen: 750 g Kartoffeln, 1 Zwiebel, 100 g Saure Gurken, 1 säuerlicher Apfel, 400 g Fleischsalat, Pfeffer, Salz, frische Petersilie

Zubereitung: Pellkartoffeln schälen und in feine Scheiben schneiden. Zwiebeln, Saure Gurken und Apfel in kleine Stücke teilen. Zutaten in eine Schüssel geben, mit Fleischsalat mischen, ungefähr 3 EL Gurkenwasser dazugeben und mit Pfeffer und Salz abschmecken.

Raus ins Grüne

MEHR TIPPS FÜR HINTERHERMSDORF

1. Historische Kahnpartie
Lautlos über die Kirnitzsch gleiten, den Erzählungen des Fährmanns lauschen und dabei wundersamen Felswesen wie „Elefanten", „Berggeistern" und „Schafen" begegnen: Romantischer geht es nicht.

2. Reisigbesen kaufen
Jens Petters ist nicht nur ein wunderbarer Geschichtenerzähler über Hinterhermsdorfer Land und Leute, er beherrscht auch die fast ausgestorbene Kunst des Besenbindens. Die Feger aus Birkenzweigen gibt es in seinem Dorfladen.

3. Spannende Waldhusche
Spielen, klettern und dabei noch etwas lernen: Die Waldhusche ist ein Erlebnisgelände über den Wald und seine Bewohner für die ganze Familie.

WANDERN OHNE GEPÄCK

Sächsische Schweiz Tours bietet sowohl standardisierte Mehrtagestouren als auch individuelle Programme mit versierter Führung an. Das Gepäck wird zur nächsten Unterkunft gebracht.

» www.sax-ch-tours.de, Telefon: 035974 50550

WANDERUNG AUF DEM PANORAMAWEG

Leichter Rundweg zum Weifberg (478 Meter) mit Aussichtsturm (173 Stufen) mit großartigem Panoramablick über die Sächsische und Böhmische Schweiz bis ins Lausitzer Bergland, Zittauer Gebirge sowie Iser- und Riesengebirge. Von der Hackkuppe kann man wunderschön ins Dorf hinab blicken. Start und Ziel ist der Parkplatz am Haus des Gastes Hinterhermsdorf. Der Weg ist auch für Kinderwagen und Rollstühle geeignet.

» Länge: 6 Kilometer » Dauer: 1,5 Stunden

UNTERWEGS AUF DEM MALERWEG

Vom Dorfplatz in Hinterhermsdorf gelangt man auf dem Weg mit dem grünen Strich zum Kleinen Pohlshorn. Hier erreicht man den Malerweg, einen der schönsten Wanderwege Deutschlands. Weiter geht es auf dessen fünfter und längster Etappe hinab zur Kirnitzsch, durch die Wolfsschlüchte, über den Rosssteig und Katzstein auf den Gipfel des Großen Winterbergs bis nach Schmilka.

» Länge: 13 Kilometer » Dauer: 7 Stunden

TOURISTINFORMATION HINTERHERMSDORF

Weifbergstraße 1 - 01855 Sebnitz/OT Hinterhermsdorf - Telefon: 035974 5210
www.hinterhermsdorf.de

SAUPSDORF

DAS DORF MIT WEITBLICK

Würzige Auszeit

VOM KRÄUTEROMELETT BIS ZUM WEIDEMILCHKÄSE

Wer träumt nicht davon, einmal wie ein Adler hoch zu fliegen und die Welt von oben zu betrachten. Im Dörfchen Saupsdorf im Herzen des Nationalparks Sächsisch-Böhmische Schweiz gibt es ein Fleckchen, das diesen Weitblick ermöglicht.

Wer ihn genießen will, muss den Wachberg erklimmen. Auf den Wanderer wartet ein malerischer Anstieg, denn Saupsdorf ist einer der schönsten Orte der Region. Rechts und links der kleinen Straße stehen gepflegte Umgebindehäuser neben schmucken Fachwerkhäusern, deren Giebel mit feinen Schiefer-Ornamenten und Bordüren verziert sind. Dicht an dicht drängen sie sich aus einer Talsenke heraus, winden sich den sonnigen Berghang hinauf. Mittendrin eine kleine Kirche im Schinkelschen Baustil. Im Oberdorf, gleich hinter den letzten Häusern, lädt eine Holzbank zum Verweilen ein. Schon von hier aus ist der Blick grandios.

„Wir lieben Unkraut!
Im Omelett, im Salat oder als Kräutersoße."

Janet Hoffmann, Kräuterbaude am Wald in Saupsdorf

Doch weiter geht es den Feldweg hinauf bis zur Wachbergbaude in 496 Metern Höhe. Hier, weit über den Dächern von Saupsdorf, liegen sie plötzlich vor einem: die markanten Felsmassive vom Großen Zschand, der Große Winterberg, die Affensteine und in der Ferne sogar die Schrammsteine. Eine Prachtansicht, zum Bleiben schön. Zum Glück ist die Küche in der Bergwirtschaft köstlich. Saupsdorf ist ein pittoresker Geheimtipp. Zurück im Ort empfiehlt es sich, in der Kräuterbaude am Wald einzukehren. Hier gibt es Köstlichkeiten vom Wegesrand, raffiniert von Kräuterfrau Janet Hoffmann zubereitet.

Brennende Liebe

TEUFLISCHES VON DER KRÄUTERHEXE

Frech strecken sie ihre Blätter in den Weg und hoffen, dass niemand ihnen ein Härchen krümmt. Kräuterhexe Janet Hoffmann ignoriert das grimmige Gebaren, zupft einige Brennnesselblättchen und legt sie zu den anderen Schätzen in ihren Korb. „Manche Kräuter sind kleine Tyrannen, doch sie haben ein heilendes Herz. Ihre Geschmacks- und Nährstoffe sind bei Tieren – von der Schmetterlingslarve bis zur Kuh – geschätzt. Wir Menschen müssen ihre Kräfte erst wiederentdecken."

Vor einem Vierteljahrhundert begleitete die gelernte Zahnarzthelferin zum ersten Mal ihre Schwiegermutter zum Huflattich-Sammeln. Die kleinen Frühlingsboten mit den gelben Köpfchen lösten einen Eichhörnchen-Trieb aus. „Ich sammle und horte." Jahrelang studiert sie die grünen Wilden, kennt heute fast jedes Kraut. In ihrer Kräuterbaude am Wald gibt es die frisch gepflückten Kräuter als Suppe oder in Rösti, Salat, Omelett oder hausgebackenem Brot. Und wer mehr über die Zauberkräfte der Unkräuter erfahren möchte, begleitet die sympathische Kräuterhexe einfach auf ihrer Sammeltour.

Wildkräuterpesto

Diese wilden Grünen hat Janet Hoffmann am Wegesrand gesammelt: Brennnessel, Löwenzahn, Bärenklau, Sauerampfer, Spitzwegerich, Giersch, Fliederblüten, Vogelmiere, Buchen- und Lindenblättchen, Fichten- und Lärchentriebe, Wilde Möhre, Schafgarbe, Gänseblümchen, Labkraut, Knoblauchrauke, Beifuß ...

Zutaten: 200 g Wildkräuter, insgesamt 50 g Sonnenblumen- und Kürbiskerne, 100 ml Olivenöl, Meersalz und frisch gemahlener Pfeffer

Zubereitung: Kräuter von holzigen Stielen befreien und in den Mixbecher geben, Öl und Kerne hinzufügen. Alles mit dem Zauberstab zu einem feinen Pesto mixen. Mit Salz und Pfeffer abschmecken.

„Wildkräuter vom Wegesrand schmecken nach bunter Blumenwiese mit dem Duft des Sommers."

Janet Hoffmann, Kräuterbaude am Wald

Echte Naturmädels

KÄSESPEZIALITÄTEN VON WEIDEKÜHEN

Die 30 Kühe von Bauer Bernhardt Steinert machen den ganzen Tag das, was Urlauber in der Sächsischen Schweiz auch am liebsten tun: wandern, staunen, rasten. Ihrer Wanderlust frönen sie auf einer großen Weide mit Blick auf die Felskulisse. Sie staunen über Wind, Sonne, Regen und Nebel. Am liebsten aber rasten sie alle zusammen, denn ihr Tisch ist reich mit Wiesenkräutern und Gräsern gedeckt.

Für ihr Weideglück danken die 30 Kühe jeden Tag ihrem Bauern mit besonders gehaltvoller Milch. Steinert macht daraus Joghurt, Quark und Schnittkäse. Ein Vierteljahrhundert schon.

„Unser Hof ist ein natürlicher Kreislauf: Vieh frisst Heu, Mist düngt Acker, Acker produziert Korn, Korn ernährt Mensch. Alles hat seinen Sinn."

Bernhardt Steinert, Demeter-Hof Steinert

Er verarbeitet die Rohmilch besonders schonend, um ihren ursprünglich-aromatischen Geschmack zu erhalten. Sorgfalt, die man in jeder Käseecke schmeckt: „Als Landwirte haben wir Verantwortung übernommen: für unsere Tiere, den Acker, die Pflanzen und für uns selbst. Eine Aufgabe, die mir jeden Tag Freude macht."

B Hier gibts Steinerts Hofspezialitäten.

Exklusive Feinkost: Wachbergplatte
Der Wachberg lockte schon lange vor Eröffnung der ersten Gaststätte 1851 unzählige Naturliebhaber aus den umliegenden Orten, auf dem Gipfel ein Picknick mit grandioser Aussicht zu genießen. Sogar die erste deutsche Ballonfahrerin, Wilhelmine Reichard, landete 1811 hier oben. Nicht ganz freiwillig, ihr Ballon platzte und verfing sich in den Ästen eines Baumes. Für die Gäste ist die Rast in der urgemütlichen Wachbergbaude einer der heimlichen Höhepunkte ihres Wanderurlaubs. Kulinarische Feinkost: die exklusive Wachbergplatte mit Käse vom Demeter-Hof Steinert, Wurst von regionalen Produzenten und Krustenbrot.

TOURISTINFORMATION SEBNITZ

Neustädter Weg 10 – 01855 Sebnitz – Telefon: 035971 70960
www.sebnitz.de

Raus ins Grüne

WEITBLICK-TOUR

Die Familien-Tour mit Nationalparkführer Heiko Hesse beginnt am Parkplatz in Saupsdorf. An der Kreuzung wandern Sie am Tannenhof vorbei zum Wachberg mit fantastischer Aussicht. Weiter gehts über den Alfred-Meiche-Weg durch dichten Wald zum Weifbergturm. Gigantisches 360°-Panorama! Hinunter über die Luisenquelle zur Kräuterbaude und von dort zurück.

» Länge: 10 Kilometer » Dauer: 3 bis 4 Stunden

SPANNENDE FELSENTOUR

Tourbeginn am Parkplatz Saupsdorf. Sie folgen dem Weg bis zum Arnstein. Die Besteigung des Felsens ist ein wenig mühsam, der Blick auf Affen- und Schrammsteine grandios. Weiter zur Kleinsteinhöhle, die zweitgrößte Höhle der Sächsischen Schweiz. Von dort zurück nach Saupsdorf.

» Länge: 9 Kilometer » Dauer: 5 Stunden

MEHR TIPPS FÜR SAUPSDORF

1. Ein Dornröschen-Dorf
Wunderschön, aber nicht überlaufen. Im Zentrum der Sächsisch-Böhmischen Schweiz, direkt an der Grenze zu Nordböhmen, klein, gemütlich und erholsam ruhig, mit reiner, würziger Bergluft. Unbedingt einen Blick in die Kirche werfen, lohnt sich!

2. An schönsten Wanderwegen
Hunderte Kilometer Wanderwege führen von Saupsdorf zu den schönsten Zielen: der Flößersteig nach Bad Schandau, der Panoramawanderweg durch umliegende Dörfer oder der Malerweg auf den Spuren von Caspar David Friedrich durch urwüchsige Natur mit schroffen Felsen, kleinen Bächen und duftenden Wiesen. Naturparkführer kennen die Wege zu den schönsten Ecken, lassen Sie sich von Ihnen verführen.

3. Ein lebendiges Dorf
Die 470 Einwohner lieben und pflegen ihren kleinen Ort, heißen Gäste gerne willkommen. Spazieren Sie gemütlich durch die Straßen und schauen Sie über die Gartenzäune.

Dresden Elbland

ZABELTITZ

Das barocke Hochzeitsdorf

1

2

Obst
weine
Apfel
Quitte
Johannis
beere
Hagebutte
Sauerkirsch
Holunder-
beere
Quitte
Erdbeere
Rhabarber

3

4

5

6

7

Zabeltitz:
1 Barockgarten
2 Obstwein-Kelterei Werft
3 Bäckerei Haase
4 Naturschutzgebiet Röderauwald
5 Bauernmuseum
6 Deckengewölbe im Palais
7 St.-Georgen-Kirche
8 Statue Barockgarten

8

ZABELTITZ

DAS BAROCKE HOCHZEITSDORF

Gans von hier

VIER GENUSSHANDWERKER UND 30 KÖNIGINNEN

Zabeltitz versprüht den Glanz und die Pracht der Zeit von August dem Starken. Sachsen war damals wirtschaftlich und kulturell einer der erfolgreichsten Staaten Mitteleuropas. Die Baulust des Kurfürsten steckte seine Grafen und Herzöge an, überall wurden prunkvolle Paläste errichtet. So ließ sich 1728 auch Graf von Wackerbarth ein wunderschönes Palais in Zabeltitz errichten. Architekt war Johann Christoph Knöffel, der Oberlandbaumeister des Kurfürsten.

Bezaubernd schön ist das Ensemble von Neuem Palais, Altem Schloss und Barockgarten. Letzterer ist eine Perle der Sächsischen Gartenkunst, die Knöffel nach dem Vorbild von Versailles entworfen hat. Der Park ist streng symmetrisch angelegt. Eine majestätische Lindenallee mit rechteckig geschnittenen Kronen, ein sogenannter Lindenquincunx, führt wie ein Spalier zum Neuen Palais. Dahinter bilden Hecken, Wege, Spiegel- und Flaschenbassin faszinierende Sichtachsen in die Ferne. Wer einmal auf der Terrasse des kleinen, eleganten Palais einen Kaffee getrunken und eine heiße Waffel mit Kirschen gegessen hat, versteht, warum gerade hier mehrere sächsische Könige und sogar Kaiser Joseph II. verweilt haben. Nicht weit vom Palais liegt das Bauernmuseum. Ein paar Schritte nur und die Zeit wird zurückgedreht von heute ins Jahr 1810. Naturliebhaber sollten sich unbedingt auf Schusters Rappen begeben oder die Drahtesel mitnehmen. Denn gleich hinter dem Ortsschild beginnt das faszinierende Naturschutzgebiet Röderauwald Zabeltitz mit einem interessanten Lehrpfad.

„Unser Honig ist eine goldene Erinnerung an unser prunkvolles Dorf."

Fritz Woitaß, Imker in Zabeltitz

Zabeltitz reizt mit seiner Ruhe und Beschaulichkeit, aber auch seinen stilvollen Festen und Open-Air-Konzerten im Ambiente des Barockgartens. Vergessen Sie nicht, vor Ihrer Heimreise eine Zabeltitzer Bauernkruste und ein Glas Honig zu kaufen.

Vier Genusshandwerker

BERAUSCHENDER GENUSS

Berühmte Weine werben mit den Aromen von Kirschen, Johannisbeeren oder Birnen. René Werft aus Zabeltitz nimmt gleich die echten Früchte, um daraus aromatische Weine zu keltern. „Das Obst hole ich aus Lommatzsch, einem traditionellen Anbaugebiet“, erzählt er. Als Jugendlicher setzte er die ersten Ballons an und zahlte Lehrgeld: Sie explodierten. Heute ist er ein Meister. Die Weine seiner Obstwein-Kelterei Werft schmecken fruchtig, aber nicht zu süß. Der Kirsch-Glühwein ist ein Highlight zur Palais-Weihnacht am 3. Advent. Verfeinert mit Sekt, haben sich die zwölf Obstwein-Sorten zu einem bliebten Festgetränk im Hochzeitsdorf etabliert. Na dann: Zum Wohl!

H Hier gibts die aromatischen Weine.

ZABELTITZER BAUERNKRUSTE

Die Haases verzuckern den schönsten Tag vieler Brautpaare im Schloss oder Palais mit ihren kreativen Hochzeitstorten. Ihr tägliches Geschäft sind aber seit 140 Jahren Brötchen, Brot und leckere Kuchen. Vor fünf Jahren kreierte Silvio Haase, der jüngste Bäckermeister der Familie, ein ganz spezielles Brot: „Die Zabeltitzer Bauernkruste beruht auf einem alten Dinkelbrot-Rezept.“ Er hat es mit einem Hauch orientalischer Gewürze wie Kümmel, Anis, Fenchel und Koriander verfeinert. Ein Feinschmecker-Brot, ausgezeichnet von der Bäcker-Innung.

I Hier gibts das frische Krustenbrot.

DAS GÄNSE-ORCHESTER

In Zabeltitz erklingt bei Hochzeiten oft eine ganz besondere Festmusik. Während der Fotosession im barocken Schlossgarten schnattert und gackert es fröhlich über die Hecke. Denn nebenan, in der Gärtnerei Blechschmidt, sind 120 Gänse und 160 Enten zu Hause. Auf einer alten Streuobstwiese genießen sie den Sommer, zupfen Wiesenblumen und werden von Gärtner Fritz Blechschmidt liebevoll betreut. Sieben Monate Vogelglück, bis kurz vor Weihnachten: Dann werden sie in der Gärtnerei verkauft. Frischen Rotkohl, Grünkohl und einen heimeligen Adventskranz gibt es gleich dazu.

J Hier gehts um die Gans.

WILDROULADE IM HERBST

Herbstzeit ist Wildzeit in Zabeltitz. Rund um das prachtvolle Hochzeitsdorf liegt das Naturschutzgebiet Röderauwald. Hier kann man nicht nur entlang eines weit verzweigten Fluss-Systems auf einem Naturlehrpfad wandern, hier leben auch Rehe und Wildschweine und gedeiht der Holunder. Jedes Jahr im Oktober wird in der Parkschänke ein kulinarisches Herbstfest gefeiert. Dann bereitet Wirtin Franziska Koitzsch aus den selbst gepflückten, aromatischen Holunderbeeren eine schmackhafte Suppe. Dazu gibt es Wildschweinroulade mit Hack gefüllt, Bohnen aus dem eigenen Garten und natürlich Klöße.

K Hier wird im Herbst gefeiert.

Zabeltitzer Königinnen

IMKER WOITAß UND SEINE 30 EMSIGEN VÖLKER

Märchenhaft schöne Prinzessinnen für einen Tag sieht man in der barocken Schlossanlage des Hochzeitsdorfes häufig. Die 30 Königinnen von Zabeltitz aber zeigen sich nur ihrem Imker Fritz Woitaß. Sie sorgen dafür, dass die Arbeit in seinen Bienenbeuten flutscht und die Waben sich mit feinem Honig füllen. Seit mehr als 40 Jahren gibt es die kleine Imkerei im Dorf. „Meine Bienen stehen oft an den schönsten Plätzen unserer Region", erzählt der Honigmann. Im Zabeltitzer Barockgarten schwärmen sie zu den Lindenblüten in den Hochhecken, in der Königsbrücker Heide fliegen sie in ein Meer lilafarbener Blüten, sie sammeln im goldenen Raps, im rosafarbenen Buchweizenfeld, auf violetten Phacelia-Bienenweiden. „Manchmal sitze ich bei meinen Bienen, lausche ihrem Summen und erfreue mich an der Natur und dem berauschenden Duft der Blüten."

Der spektakulär schönste Bienenflugplatz ist am Radebeuler Weinberg Goldener Wagen mit seinen bis zu 400 Jahre alten Terrassenmauern. Hier sammeln die Bienen den Nektar der Feldblumen, die zwischen den uralten Rebstöcken wachsen. „Honig ist wie ein guter Wein, er variiert in Konsistenz, Geschmack und Aroma, ändert sich mit dem Standort, dem Jahrgang, der Jahreszeit. So vielfältig wie die Natur, so vielfältig ist auch unser Honig." Wenn die Bienen eine Gegend abgesammelt haben, ziehen sie um. Dann bekommen sie neue Waben in ihren Bienenstock. Die reich gefüllten Honigwaben aber schleudert der Imker vorsichtig und füllt den goldenen Schatz in Gläser. Woitaß-Honig fängt den Geschmack und Duft des Dorfes ein. Ein Löffel auf dem Frühstücksbrot ist eine der sinnlichsten Erinnerungen an das Hochzeitsdorf und seine fliegenden Königinnen.

L Hier gibt es den süßen Goldschatz.

Goldene Ernte – Die fleißigen Bienen von Imker Fritz Woitaß füllen viele Gläser mit köstlichem Honig.

Raus ins Grüne

MEHR TIPPS FÜR ZABELTITZ

1. Schlösser bewundern
Palais und Altes Schloss nebeneinander – das imposante Barock-Ensemble prägt das Dorf. Beide Schlösser laden regelmäßig zu Veranstaltungen ein.

2. Trauen Sie sich!
Das Standesamt Großenhain hat in Zabeltitz gleich zwei Außenstellen: im Alten Schloss ein eher barockes Trautezimmer, im Palais ein modern eingerichtetes mit fantastischem Blick auf den Barockgarten. Kirchliche Trauungen sind in der St.-Georgen-Kirche möglich.

3. Bauernromantik von gestern
Ein historischer Dreiseithof aus dem 19. Jahrhundert wurde zu einem Bauernmuseum umgestaltet und mit alten, typischen Einrichtungsgegenständen ausgestattet. Nicht verpassen: Bauernmarkt am 1. Mai (Saisoneröffnung).

ZABELTITZER RUNDWEG

Start an der Zabeltitz-Information im Palais. Der Weg führt auf dem Naturlehrpfad durch das Naturschutzgebiet Röderauwald Zabeltitz. Hier bekommt man einen Einblick in die einzigartige Flora und Fauna einer Auenlandschaft. Mit etwas Glück sind Graureiher, Buntspechte oder Eisvögel zu beobachten. Das Große Gabelwehr an der Röder regelte einst den Wasserfluss zu den Mühlen und Teichen.

» Länge: 6 Kilometer » Dauer: 1 Stunde

ZU OFFENEN KIRCHEN RADELN

Start am Fahrradrastplatz Zabeltitz (neben Parkschänke). Der Markierung der Röderradroute folgend durch die Frauenhainer Teichlandschaft bis nach Koselitz fahren. Entlang der Floßkanalroute (Einblicke in Flößer- und Treidelschifffahrt) radeln Sie bis zum Elberadweg. Diesem in Richtung Meißen bis Diesbar-Seußlitz folgen. Am Schloss Seußlitz auf den Kirchenradweg in Richtung Großenhain abbiegen. Ab dem Zürnerdorf Skassa fahren Sie wieder auf der Röderradroute bis nach Zabeltitz zurück.

» Länge: 22 Kilometer » Dauer: 2 Stunden

ZABELTITZ-INFORMATION

Am Park 1 – 01561 Großenhain – Telefon: 03522 304-277
www.barockgarten-zabeltitz.de

Schaubergwerk

Erzgebirge

BLANKENHAIN

Das Museumsdorf

HÖCKENDORF

Das Dorf für Familien

POBERSHAU

Das Bergdorf im Erzgebirge

SEIFFEN

Das Spielzeugdorf

1 Tierpark, Höckendorf
2 Schloss Blankenhain
3 Landschaft um Höckendorf
4 Straßenlaterne im Kurort Seiffen
5 Molchner Stolln, Pobershau
6 Schmied, Blankenhain
7 Abendstimmung, Kurort Seiffen
8 Lauterbacher Spirituosen, Pobershau
9/10 Bauernhof des Deutschen Landwirtschaftsmuseums, Blankenhain

6

7

8

9

10

BLANKENHAIN

DAS MUSEUMSDORF

Einfach zum Anbeißen

HERRSCHAFTLICHE ROULADEN UND HÄPPCHENWEISE KUCHENGLÜCK

„Komm, Matilda, wir gehen Traktor fahren!" Matilda ist drei und findet große, alte Ungetüme zum Klettern schön. In der Ausstellung zur Geschichte der Traktorentechnik Mitteldeutschlands stehen mehr als 100 solcher Vehikel. Blankenhain ist ein Museumsdorf. Hier scheint die Zeit stehen geblieben zu sein. Doch nicht nur das lebendige Nebeneinander von Vergangenheit und Gegenwart lockt nach Blankenhain.

Blankenhain in Sachsen! So genau muss man schon sein, denn Blankenhain gibt es gleich zwei Mal. Dieses gehört zu Crimmitschau und liegt im Pleiße-Sprotte-Ackerhügelland, einer reizenden Landschaft mit Feldern und Wiesen, Wald und Hügeln. Von der Turmhütte kurz vor Mannichswalde hat man eine herrliche Aussicht, kann auf das Altenburger Land, das Vogtland und das Sächsische Erzgebirge schauen. Unten im Tal schlängelt sich der Koberbach zwischen den Hügeln entlang, an dem das Waldhufendorf liegt.

„Hausgemachte Roulade schmeckt nach Kindheit."

Jörg Pömpner, Koch aus Blankenhain

In seinem Zentrum erhebt sich das stattliche, mit drei Türmen gezierte Barockschloss. Es ist das Herzstück des lebendigen Museums. Am Mühlenaktionstag wird hier Korn gemahlen, in der Bäckerei wird Teig geknetet, der Imker erlaubt den Blick in alte Bienenbeuten, im Herbst wird Saft gepresst. Landleben der Vergangenheit. Gleich nebenan wird auch heute noch Landwirtschaft betrieben. Bauer Bachmann hält Rinder, die Agrargenossenschaft baut Getreide an, Regina Ernst ist eine Backfrau und Metallgestalter Thomas Linke schmiedet Damastmesser. Im Nachbarort reifen fast das ganze Jahr über Erdbeeren, Himbeeren und Gemüse in Soltis Obstgarten in Gewächshäusern. Saftig, frisch, ohne Pflanzenschutzmittel, einfach zum Anbeißen.

Beliebter Klassiker

ROULADE MIT KÜRBISKLITSCHER

Er war der Koch-Guru von Crimmitschau. 46 Jahre lang hat er im traditionsreichen Schlossbräu-Restaurant für das leibliche Wohl seiner Gäste gesorgt. Jetzt ist Jörg Pömpner im Ruhestand. Doch bei besonderen Anlässen kramt er gerne seinen Kochlöffel aus der Schublade. An diesem Tag kocht er in der Eventküche des Deutschen Landwirtschaftsmuseums. „Roulade ist ein Klassiker in unserer Gegend, sie kam schon bei den Herrschaften vor 300 Jahren sonntags auf den Tisch", erklärt Pömpner. Dazu gibt es goldgelbe Klitscher aus geraspeltem Kürbis. Den hat der Koch in Soltis Obstgarten erstanden und gleich frische Erdbeeren und Himbeeren für die Beerensülze mitgebracht: „Heimisches Obst und Gemüse schmeckt viel aromatischer." Schon bald zieht ein verführerischer Duft durch die Schlossräume. Ein herrschaftliches Mahl, wie es in vielen Gaststätten der Region angeboten wird, im Schlossbräu in Crimmitschau, im Haus des Gastes in Blankenhain, im Fischerhof in Mannichswalde. Einfach, sächsisch, gut.

Rinderroulade Schlossbräu

Zutaten für 4 Portionen: 4 große Rinderrouladen von der Oberschale, 60 g Bautzener Senf mittelscharf, 400 g Gewürzgurken, 80 g geräucherter Speck, 1 l Wasser oder Fleischfond, 50 g Margarine, Salz, Pfeffer, Weizenmehl

Zubereitung: Rouladen plattieren, mit Salz und Pfeffer würzen, mit Senf bestreichen. Zwiebeln, Gurken, Speck in feine Würfel schneiden. Zwiebeln und Gurken auf der gesamten Roulade verteilen. Fleisch einrollen. Pfanne mit Margarine einfetten, Speckwürfel verteilen, Rouladen eng nebeneinander anbraten. Mit Wasser oder Fond auffüllen. Gare Rouladen herausnehmen, Fond binden, durchkochen, würzen.

Entdeckungen im Dorf

SOLTIS OBSTGARTEN: DER GESUNDE FRISCHEKICK

Im November noch frische Himbeeren, Tomaten und Salatgurken, im April schon die ersten Erdbeeren? In der Nähe von Blankenhain am Stadtrand von Crimmitschau haben Manuela und Tamas Solti in einer ehemaligen Gärtnerei ein kleines Obst- und Gemüseparadies geschaffen. Ein ökologischer Betrieb, aber ohne Siegel. Das brauchen die Solits auch nicht, sie leben so. Und so reifen hier nicht nur köstliche Beeren, sondern in einer Ecke auch der riesige Kompost. Gedüngt wird mit selbst angesetzten Jauchen aus Brennnessel oder Schachtelhalm und die Schädlinge werden von Nützlingen vertrieben. Hühner, Schafe, Kühe, Katzen, zwei Hunde und ein altes Wollschwein gehören zur fröhlichen Landkommune. Hier schafft es ein Schächtelchen Erdbeeren oft nicht einmal bis zum Auto, sondern wandert direkt in den Mund.

HÄPPCHENWEISE KUCHENGLÜCK

Eierschecke, Zucker-, Mohn- und Streuselkuchen – Sachsen ist berühmt für seine Backkunst. Aber mehr als ein Stück ist einfach zu viel? Die Blankenhainer Backfrauen servieren Teller mit 32 verschiedenen Häppchen. Kleines Kuchenglück!

ZEITREISE AUF DEM BAUERNHOF

Cola, Ketchup, Pizza, das gab es alles vor 100 Jahren nicht. Aber was hat Oma damals geschmeckt? Der Aktionstag auf dem Bauernhof des Deutschen Landwirtschaftsmuseums ist ein bisschen wie die Sendung mit der Maus: Es gibt viel zu entdecken.

Wie hat Oma den Saft aus den Äpfeln herausbekommen? Wo kommt bei der Kuh die Butter her? Wie wird der Senf so scharf? Wieso stand früher der Ofen im Garten? Das Wichtigste an diesem Tag für Kinder und Eltern: Mitmachen und dann kosten!

F Hier gehts auf eine lehrreiche Reise.

„Wo kommt bei der Kuh die Butter her?"

Raus ins Grüne

MEHR TIPPS FÜR BLANKENHAIN

1. Schloss bewundern
Herrlicher Blick über den Teich auf das Barockgebäude. Am Ufer stehen Bänke zum Verweilen. Im Museum wurden mehr als 50 000 Zeugnisse des Landlebens zusammengetragen, von der Stecknadel bis zum Agrarflieger.

2. Spaziergang durch das Tal
Der Koberbach schlängelt sich romantisch durch den Ort. Unterwegs die alte Dorfbäckerei, den Bauernhof, die Schmiede und die Försterei anschauen.

3. Schmied besuchen
Thomas Linke schmiedet nach alten und traditionellen Techniken Damastmesser, Schmuck und Leuchter.

4. Turmhütte besteigen
Zwischen Blankenhain und Mannichswalde steht der Nachbau einer Landmarke als Grenzmarkierung zwischen den ehemaligen Herrschaftsgebieten des Königreiches Sachsen und des Herzogtums Sachsen-Altenburg.

ZUR KOBERBACH-TALSPERRE

Start am Deutschen Landwirtschaftsmuseum Schloss Blankenhain. Der Weg führt entlang landschaftsprägender Fachwerkbauten zwischen sanften Hügeln und abwechslungsreichen Tälern bis zum Naherholungsgebiet Koberbachtalsperre. Dort kann man einkehren, baden oder eine Bootstour auf der Talsperre unternehmen.

» Länge: 11 Kilometer » Dauer: 2-3 Stunden

RADTOUR AUF DER BAUERNGARTENROUTE

Start am Deutschen Landwirtschaftsmuseum Schloss Blankenhain. Am südlichsten Punkt der Route angekommen, lassen sich in Seelingsstädt und Gauern gleich zwei Bauerngärten in unmittelbarer Nachbarschaft bestaunen. Über Paitzdorf erreichen Sie Posterstein, wo sich ein Besuch der mittelalterlichen Burganlage lohnt. Weiter geht es über den Sprotte-Wassererlebnispfad in Richtung Nöbdenitz nach Vollmershain, bevor Sie wieder Blankenhain erreichen.

» Länge: 44 Kilometer » Dauer: 5 Stunden

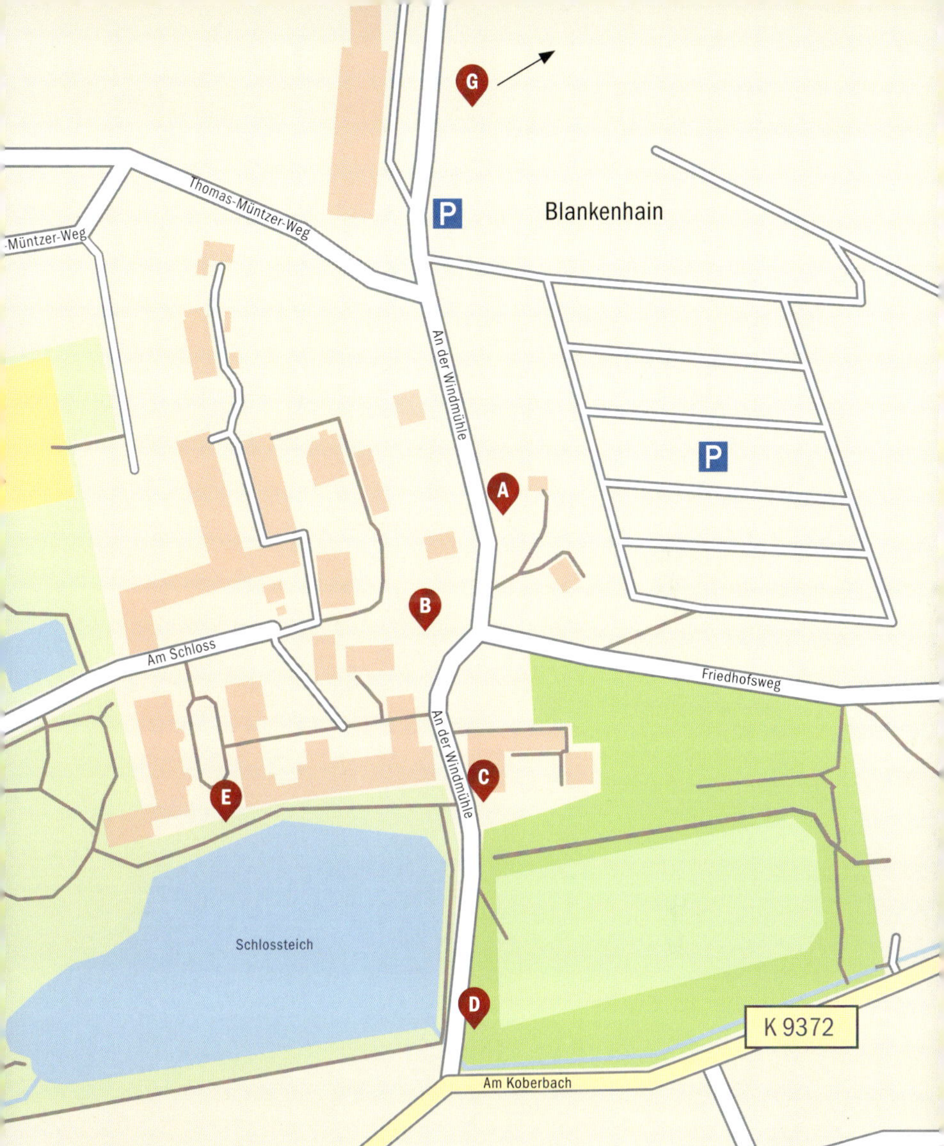

A Mühle und Müllerwohnhaus
B Deutsches Landwirtschaftsmuseum Schloss Blankenhain
C Pfarrgehöft
D Eishaus
E Orangerie
F Bauernhof des Deutschen Landwirtschaftsmuseums
G Soltis Obstgarten

TOURISTINFORMATION CRIMMITSCHAU

Markt 1 – 08451 Crimmitschau – Telefon: 03762 901018
www.crimmitschau.de

HÖCKENDORF

DAS DORF FÜR FAMILIEN

Das ist doch Ährensache

GUTES BROT, SENF UND GEMÜSE AUS DEM DORF

Es ist die magische blaue Stunde, die Stunde zwischen Tag und Nacht. Sanft legt sich die Dämmerung über den Galgenberg, der Mond macht sich gerade auf seine Abendrunde. Langsam kehrt Ruhe auf dem 200 Jahre alten Weidegut Colmnitz ein. Kühe, Kaninchen, Hühner und die beiden Esel Sonja und Fridolin schlafen schon. Nur ein leises Motorengrummeln zeugt davon, dass die Bauern noch hellwach sind. Sie ziehen auf ihren Mähdreschern bis tief in die Nacht hinein ihre Bahnen. Erntezeit in den Dörfchen zwischen Tharandter Wald und Osterzgebirge.

„Wir sind reich, unser korniger Schatz wächst direkt vor der Tür."

Chris Sauer, Bäcker aus Pretzschendorf

Es ist eine landwirtschaftlich geprägte Region. Zwischen den Feldern und Wäldern liegen kleine, versteckte Oasen der Ruhe. Schon die Fahrt von Dresden hierher entschleunigt. Wie ein Bach schlängelt sich die Tharandter Straße durch das romantische Tal der Wilden Weißeritz, quert eine Wiese, krümmt sich an einem Feld und windet sich schließlich einen Berg hinauf. Ein blühendes Band aus Sonnenblumen verbindet die Orte. Gerade eine halbe Stunde liegt zwischen Großstadt-Hektik und Dorfidylle. Kaum taucht am nächsten Morgen die Sonne auf der anderen Seite des Galgenbergs wieder auf, erwacht das Weidegut. Der Hahn kräht, die Kühe schmatzen frisches Weidegras und die Esel quietschen wie verrostete Wasserpumpen.

Im Bauerngarten schwingt Gärtnerin Sabine Beckert die Hacke, um Rotkohl, Salat und Rüben zu pflegen und im Frühstücksraum der Pension deckt Carola Höher den Tisch mit Leckereien aus dem Dorf. Eier und Marmelade kommen vom Weidegut, Brötchen von Bäcker Sauer, Honig vom Imker, Käse und Wurst von Fleischer Huber. Handgemachte regionale Spezialitäten, hergestellt hier in der Nachbarschaft. Guten Morgen, neuer Tag, die Abenteuer locken.

Es ist angerichtet

BÄCKER, GÄRTNER, SENFMÜLLER IM ORT

Lokale Spezialitäten erzählen Geschichte. Anfang des vorigen Jahrhunderts radelte Walter Schneider aus Colmnitz von Dorf zu Dorf, um seine Essig-Spezialitäten zu verkaufen. Seitdem werden rund um Höckendorf Gurken in seinem Aufgussessig eingelegt, der Kartoffelsalat mit seinem Kräuteressig abgeschmeckt, der Fruchtsalat mit einem Schuss Obstessig verfeinert. Heute, 80 Jahre später, produzieren seine Urenkel Kristin und Peter Schneider nicht nur saure, sondern auch scharfe Sachen. Für den Senf vermahlen sie die vorbereitete Maische schonend, langsam und kalt zwischen Mühlsteinen. Den Unterschied zu Fabriksenfen merkt jeder Feinschmecker auf Anhieb.

Nur wenige Kilometer weiter heizt Chris Sauer jeden Morgen kurz vor drei Uhr die Öfen in seiner Bäckerei in Pretzschendorf an. Große Knethaken bereiten den Teig für Brot, Brötchen und Kuchen vor. Das Mehl dafür hat Sauer in der Dresdner Mühle gekauft: „Dort wird das Getreide aus unserer Region verarbeitet. Wir Bäcker, Landwirte und die Mühle lieben unser Handwerk und garantieren: ‚Wir liefern Qualität, Ährenwort.'" So ist das traditionelle Roggenmischbrot aus Pretzschendorf noch ein echtes Brot aus natürlichen Zutaten. Nichts Künstliches oder Konservierendes kommt dazu. Unbedingt kosten: Sauers Stollen, mehrfach prämiert.

Die Gärtnerei Hebert in Colmnitz hat ungewöhnliche Mitarbeiter: Hummeln bestäuben die Pflanzen, Schlupfwespen, Marienkäfer und Raubmilben vertreiben die Schädlinge. Gemeinsam mit den Gärtnern sind sie ein erstaunliches Team. So gedeihen in den Gewächshäusern prächtige Tomaten, Gurken, Zucchini und Auberginen. „Bei uns darf das Gemüse in richtiger Erde wachsen und nicht in künstlichen Substraten. Es reift am Strauch und ist dadurch besonders aromatisch", sagt Junior-Gärtner Thomas Hebert.

Nicht weit von den Gewächshäusern entfernt auf dem Weidegut Colmnitz erntet Sabine Beckert Rot- und Weißkohlköpfe, Porree und Zwiebeln – die schönsten Gemüsesorten in Hülle und Fülle. „Die Gäste der Weidegut-Pension können sich in unserem Bauerngarten aussuchen, was sie fürs Mittag brauchen. Knackiger und aromatischer geht es nicht." Ein bunter Bauerngarten, der Lust aufs Kochen macht.

Und wo gibt es diese und noch viel mehr regionale Spezialitäten zu kaufen? In Ruppendorf, im Landmarkt Alte Schule.

G Hier gehts zum Landmarkt.

Feinster
Speise-Essig
Feinste
Gärungs-E

Schneider u. Co.

LANDMARKT
„ALTE SCHULE"

Fabelhaft auf der Höhe

WANDERERS LOHN: HAUSMANNSKOST

Die Schönheit der Natur erobert man am besten zu Fuß. Direkt an der Staumauer der Talsperre Klingenberg beginnt einer der romantischsten Wanderwege der Region. Er schmiegt sich ans Ufer des Sees mit seinen kleinen Buchten und idyllischen Quelltälern. Die Talsperre ist Mittelpunkt der Gemeinde Klingenberg, in der elf Orte vereint sind. Nach zwölf Kilometern auf Schusters Rappen knurrt der Magen. Im Lindenhof, direkt an der imposanten, 32 Meter hohen Staumauer, lockt der Koch mit Tharandter Forelle, Staumeisterpfanne oder Klingenberger Gemüsepfanne. Alles frisch zubereitet mit saisonalen Zutaten.

I Hier gibts die saisonale Stärkung.

DESSERT MIT WOW-EFFEKT: HONIG-SALBEI-EIS

Ein kleiner Abstecher nur, keine zwei Kilometer von der Staumauer entfernt: Über die Streichholzbrücke, den Höhenweg hinauf, gelangt man zur Neuen Höhe, einem charmanten Hotel mit famosem Weitblick über die Erzgebirgshügel und den Tharandter Wald. Hier kochen kreative Köche mit Liebe zum Detail. Zur Hähnchenbrust gibt es Steckrüben-Kartoffelstampf, zur Entenbrust Spitzkohl und Maisgrieß. Unübertroffen aber ist das Dessert: ein selbst gebackenes Mohntörtchen mit Honig-Salbei-Eis, marinierten Sommerbeeren und einem Sesamchip. Allein dafür lohnt sich der Aufstieg!

H Hier gibts die Dessert-Kreationen.

Ein Fest für Gaumen und Sinne

ERLEBNIS DER BESONDEREN ART: FORELLE UNTERM WEIHNACHTSBAUM

Wenn das Jahr zur Neige geht, verwandelt sich ganz Sachsen in ein Weihnachtsland. In der STRACOS-Erlebniswelt in Colmnitz aber endet diese märchenhafte Zeit nie. Hier glitzern die Weihnachtsbäume und Schwibbögen immer, arbeiten die Wichtel in der Schauwerkstatt auch im Sommer. Hoch oben über dieser Zauberwelt gibt es ein Galerierestaurant. Doch nicht etwa der Gänsebraten (den gibt es in der Vorweihnachtszeit auch) ist der Klassiker, hier werden Schäufele gegessen. Wer das nicht mag, sollte die knusprig gebratene Forelle mit Rotkrautsalat und Kräuterkartoffeln kosten. Ein Festschmaus!

J Hier gibts zauberhafte Genuss-Erlebnisse.

TOURISTINFORMATION HÖCKENDORF

Schenkberg 1 – 01774 Höckendorf – Telefon: 035055 653-0
www.gemeinde-klingenberg.de

Raus ins Grüne

MEHR TIPPS FÜR HÖCKENDORF

1. Malerisches Zentrum
Der attraktiv gestaltete Marktplatz von Höckendorf mit dem Erbgericht, kleiner Einkaufspassage und Heimatmuseum lädt zum Verweilen und Einkehren ein.

2. Alpakas und Nandus besuchen
Im kleinen Tierpark werden 60 verschiedene Arten und Rassen wie Alpakas, Mini-Pferde, Sattelschweine, Zebus und Ziegen liebevoll von einem Verein betreut. Mit Streichelzoo und Spielplatz.

3. Bahnhof Edle Krone
Der wohl schönste Bahnhof Sachsens ist Ausgangspunkt vieler Wanderungen zwischen den Weißeritztälern oder in den Tharandter Wald. Halt der S-Bahn Linie 3. Nur 22 Minuten bis Dresden.

4. Wasserburg
Ein Turm von sechs Metern Durchmesser und zwölf Metern Höhe ist von der beeindruckenden Wehranlage in Ruppendorf aus dem 12. Jahrhundert erhalten.

BERGBAU UND SAGENWELT

Start am Bahnhof Edle Krone. Der Weg führt Richtung Dorfhain. Es geht hinauf zum Richtschacht einer historischen Bergbauwelt. Am Waldrand öffnet sich ein toller Blick übers Feld zum Ochsenberg. Weiter geht es ein Stück auf dem Heiligen Weg hinab zum Lorenz-Stollen. Auf der kleinen Brücke den Höckenbach überqueren und die Menzertelle entlang zurück zum Bahnhof Edle Krone. Romantischer Rundweg.

» Länge: 3,5 Kilometer » Dauer: 1 Stunde

RADWANDERN ZUR TALSPERRE

Start am Bahnhof Klingenberg. Auf der Salzstraße geht es zuerst zum Naturerlebnishof Weidegut Colmnitz. Durch Colmnitz weiter zur STRACOS-Erlebniswelt nach Pretzschendorf und Röthenbach. Weiter talwärts zur Wilden Weißeritz, den Zufluss zur Klingenberger Talsperre überqueren und gleich danach links bis zur Vorsperre. Auf der Ostseite der Talsperre immer am Wasser entlang mit schönen Aussichten bis zur Staumauer und zurück über die Neuklingenberger Höhe.

» Länge: 25 Kilometer » Dauer: 2,5 Stunden

POBERSHAU

DAS BERGDORF IM ERZGEBIRGE

Willkommen im Schlemmerparadies

DUFTENDER HEUBRATEN, GOURMET-SCHWAMMERL UND EIN WUNDERSAMER TROPFEN

Liegt Pobershau etwa in den Alpen? Aber nein, mitten im Erzgebirge, zwischen Gelobtland und Hüttengrund. Und doch erinnert das enge Tal der Roten Pockau an ein Almendorf. Saftige Wiesen bedecken die sanften Berghänge und bilden mit den dunkleren Wäldern einen grünen Flickenteppich. Mittendrin erhebt sich die neobarocke Kirche über einer Bergkuppe, der Wildsberg grüßt und wie Spielzeug in einem Kinderzimmer verteilen sich die Häuser über diese liebliche Landschaft. Abseits der Hauptstraßen liegt still und klein das Bergdorf Pobershau, liebevoll das Alpendorf des Erzgebirges genannt. Wahrscheinlich wäre niemand auf die Idee gekommen, in diesem abgeschiedenen Tal zu siedeln, hätten nicht vor gut 500 Jahren die ersten Bergleute hier Silber, Zinn, Kupfer und Eisen gefunden. Noch heute sind die Spuren des Bergbaus, Zeug- und Werksgräben, Halden, ehemalige Pochwerke, Zechen- und Huthäuser, überall im Dorf zu finden.

**„Wu sich vom Dorf de letzten Haiseln ängstlich an Barg nahschmiegn,
do siehst de draußn of der Höh e klänes Gasthaus liegn."**

Willy Löschner, Heimatdichter aus Pobershau in „De Bargschenk"

Doch Pobershau hat noch viel mehr zu bieten! Also los, Wanderschuhe anziehen, die Gipfel und Schluchten erkunden. Hinein in das wildromantische Naturschutzgebiet Schwarzwassertal mit seinen bizarren Gesteinsformationen, den Grünen Graben entlang oder rauf auf den Berg und hinüber nach Gelobtland.

Die herrlich frische Luft, der Duft der Bäume und Blumen, ihre Farbenpracht, der Marsch durch die Natur – all das macht hungrig. Zum Glück gibt es rund um Pobershau urige Gasthäuser, unter deren Tischen man die Beine ausstrecken und in Ruhe Schwammerlragout, Heubraten oder ein echtes Cowboy-Essen genießen kann.

Ein Wundermittel

LAUTERBACHER TROPFEN – DER MAGENBITTER DES ERZGEBIRGES

Völlegefühl, der Magen droht zu platzen? „Schmiedfritzaugust“ wusste Rat. Der Lauterbacher Landwirt August Friedrich Hunger kannte schon vor 200 Jahren die Heilkraft der Kräuter. Wann immer ein Mensch oder Tier gesundheitlich in Gefahr war, wurde er gerufen, sogar bis zum sächsischen Königshof. Zurück von seinen Touren, kehrte der Kräutermann oft in die Gastwirtschaft seines Schwiegersohnes Ernst F. Ullmann ein, in deren Küche er manchmal auch Ansätze und Tinkturen anrührte. So entstand wohl der Lauterbacher Tropfen, das Wundermittel des Erzgebirges. Ein giftgrüner, ungesüßter Magenbitter, der aus 16 ausgesuchten Kräutern und Wurzeln hergestellt wird. Beim Öffnen der Flasche verbreitet sich sofort ein würziger Duft. Doch Achtung: Der erste Schluck kostet Überwindung! „Es ist Arznei, nicht Gift, was ich dir reiche“, sagte einst Gotthold Ephraim Lessing. Nach dem Trinken schüttelt man sich zwar, die wohltuende Wirkung aber ist sofort zu spüren. Und so wird der Tropfen liebvoll „Lauti“, „Waldbenzin“ oder „Sterbe nie“ genannt. Die Liste mit seinen Zutaten wird wie ein Schatz in einem Tresor gehütet.

Unterdessen ist Franz Sieber, die fünfte Destillateuren-Generation, in die Fußstapfen von „Schmiedfritzaugust“ getreten. Er entlockt Ebereschen, Pflaumen, Kirschen und vor allem Kräutern ihre einzigartigen Aromen, die sich dann in Likören und Geisten vorzüglich entfalten.

Pilzgenuss

SCHWAMMERL-RAGOUT

Der Erzgebirger liebt die Gaben der Natur. So ist das vegetarische Schwammerl-Ragout im gemütlichen Waldeck schon fast ein Nationalgericht. Im Herbst wird es mit frischen Waldpilzen angerichtet, die mit Zwiebeln gedünstet und dann mit Brühe und Sahne aufgegossen werden. Dazu gibt es knusprig in Butter geröstete Semmelknödel. Ist auch mit den Gourmetpilzen aus Münzners Pilzmanufaktur sehr schmackhaft. Der Blick aus dem Wintergarten auf das Tal der Roten Pockau ist ein zusätzliches Schmankerl.

Ein kleiner Verdauungsspaziergang führt zum Aussichtspunkt Blauer Stein mit romantischer Sicht auf die Amtsseite von Pobershau.

EXOTISCHE GOURMET-PILZE

Champignons kennt jeder. Aber wie schmecken Flamingoseitling, Judasohr, Maitake oder Schopftintling? In Reitzenhain, nur wenige Kilometer von Pobershau entfernt, züchtet Roland Münzner diese ungewöhnlichen Kulturpilze in seiner Manufaktur. Im Gasthaus Waldeck werden die Raritäten zu einem Schwammerl-Ragout verarbeitet. Unbedingt kosten!

Sommerwiese im Topf

DUFTE AROMEN:
HEUBRATEN MIT BERGKRÄUTERN

Ein kleiner Spaziergang nur, gerade 3000 Schritte sind es von der Göpelpyramide in Pobershau die Bergstraße hinauf bis zum Katzenstein. Die letzten 300 Meter geht es durch den typischen Erzgebirgswald mit Birken, Buchen, Fichten und Weißtannen. Plötzlich öffnet sich dieser zu einem steineren Balkon, der sich 90 Meter über dem Abgrund erhebt. Tief unten rauscht die Schwarze Pockau, rechts und links erhebt sich eine zerklüftete Felsen-Welt. Der Blick ist atemberaubend, ein schönes Fleckchen Erde.

Unmittelbar vor der Aussicht lädt die Bergschänke zum Katzenstein ein. Ein urgemütliches Gasthaus, dem Katharina Siebenborn 2012 seinen einstigen Charme zurückgab. Sie malte eine naive Bergwelt an die Wand, verlegte knarrende Holzdielen und richtete die Stube mit einfachen Holztischen und Stühlen ein: „Heute können unsere Gäste Klaviermusik zum Prasseln des Kaminfeuers hören und dabei hausgemachte, erzgebirgische Speisen genießen." Der Heubraten ist die Spezialität im Herbst. Die Köchin schmort einen Rinderbraten im frischen Heu von ihrer Wiese, das reich an Kräutern und nicht gedüngt ist.

F Hier gibts die hausgemachten Spezialitäten aus dem Erzgebirge.

Cowboy-Essen im Saloon
Am Rande des Schwarzwassertals haben Heidrun und Gunter Arnold ihre urige Lama-Ranch aus Holzhäusern errichtet. Im Saloon Zum Grizzly gibt es deftige Kost aus dem Feuertopf - im Freien in eisernen Töpfen mit Holzkohle gekocht. Schlemmen wie im Wilden Westen.

Eierschecke zum Dahinschmelzen
Erst mit Bergführer Gernot Scheuermann in die engen Schächte des Molchner Stolln einfahren und die Anfänge des Bergbaus im 15. Jahrhundert hautnah erleben. Danach ein Stück luftige Eierschecke von Elfi Kircheis im Café Zechenstube genießen - das ist Urlaub.

Raus ins Grüne

MEHR TIPPS FÜR POBERSHAU

1. Bergbau erkunden
Der Bergbaulehrpfad führt zu Gräben, Gebäuden, Halden, Bingen und zu über 120 Lehrtafeln über die Arbeit der Bergleute. Überaus spannend: eine Führung im Schaubergwerk Molchner Stolln.

2. Natur erleben
Ein Naturerlebnispfad durchquert von der Naturschutzstation aus verschiedenartige Lebensräume des mittleren Erzgebirges. Belohnt wird der Aufstieg mit einem atemberaubenden Ausblick.

3. Ausstellungen besuchen
In der alten Böttcherfabrik wurden früher Holzwaren produziert. Heute gibt es Interessantes auf allen Etagen zu sehen: Gemäldegalerie, Landwirtschaftsausstellung und die originalgetreue Werkzeugbau-Werkstatt der Wittig-Fabrik.

4. Kaffeemann Kurt kennenlernen
Das kleinste Waldcafé Deutschlands liegt im Schwarzwassertal zwischen Kühnhaide und Katzenstein. Hier brüht Steffen Konkol frischen Kaffee und bietet dazu selbstgebackenen Kuchen oder Fettbemmen an.

DAS WILDE SCHWARZWASSERTAL

Start am Wanderparkplatz am Aussichtsfelsen Katzenstein. Zunächst geht es zur grandiosen Aussicht am Katzenstein. Von dort einige Schritte zurück zur Schutzhütte, links vorbei leicht aufwärts zum Grünen Graben. Ein schmaler Pfad verläuft über eine Brücke nach links hinunter zur nahen Talstraße. Diese führt an Teufelsmauer und Nonnenfelsen vorbei. Weiter geht es auf dem Karrenweg (EB-Weg, rote Markierung) zurück zum Wanderparkplatz.

» Länge: 8 Kilometer » Dauer: 1,5 Stunden

LAMA-TREKKING

Sie lächeln immer, die niedlichen Vierbeiner der Lama-Ranch, und eine Wanderung mit ihnen durch die herrliche Natur des Erzgebirges garantiert ein Erlebnis für die ganze Familie.

» Schnuppertour » Dauer: 1 Stunde
» Tagestour » Dauer: 7 Stunden

E Hier kann man das Lama-Trekking buchen.

HAUS DES GASTES – GÄSTEBÜRO POBERSHAU

Ratsseite Dorfstraße 68 – 09496 Marienberg/OT Pobershau – Telefon: 03735 23436
www.marienberg.de

SEIFFEN
DAS SPIELZEUGDORF

Oh du schönes Neinerlaa

MIT GÄNSEBRATEN, LINSEN UND SAUERKRAUT

Im Advent, wenn abends die Sonne hinter den Bergkuppen versinkt und der Mond noch schläft, legt sich ein malerischer Zauber über Seiffen. Nach und nach erleuchten die Schwibbögen in den kleinen Fenstern, die Bergkirche strahlt wie ein Stern über dem Ort. Vom Marktplatz klingt leise die „Stille Nacht" des Seiffener Bergchores herüber und die Kirchenglocken läuten. Im Tal zwischen Ahorn-, Schwarten- und Reicheltberg wird jetzt die Seiffener Weihnacht gefeiert. Hunderte Gäste bummeln dann durch den kleinen Kurort, bleiben staunend vor den Schaufenstern der Holzschnitzer stehen, lassen sich von der jahrhundertealten Handwerkskunst verführen, trinken Glühwein, kosten an den vielen kleinen Marktständen typisch erzgebirgische Leckereien und schauen den Spielzeugmachern in ihren Werkstätten über die Schulter. Was wäre Weihnachten ohne Räuchermännchen, Schwibbogen, Nussknacker und Pyramide?

**„Weihnachten ist die leckerste Zeit des Jahres.
In jeder Ecke unseres Dorfes duftet es geheimnisvoll."**

Anke Gläßer, Leiterin der Touristinformation Seiffen

Am nächsten Morgen hat Väterchen Frost Wiesen, Bäume und Sträucher bezuckert, auf verdorrten Blumendolden und kahlen Zweigen tanzen glitzernde Eiskristalle. Ein eisiges Naturspektakel.

Wer dem ausgeschilderten Dorfspaziergang zwischen Binge Geyerin, Freilichtmuseum und Glashüttenteich folgt, erlebt viele dieser atemberaubenden Momente. Die Gastronomen laufen jetzt zur Höchstform auf, überall duftet es verführerisch.

Besinnlichkeit pur

NEINERLAA – SAGENUMWOBENE TRADITION

Schwibbogen leuchten, Pyramiden drehen sich, Räuchermännchen, Nussknacker und Holzengel zieren Fenstersimse und Regale – in der Gaststube des Landhotels zu Heidelberg herrscht eine märchenhafte Atmosphäre. Wer hier ein Neinerlaa bestellt, wird sofort in eine besinnliche Weihnachtsstimmung versetzt. Der Ursprung dieser Tradition stammt aus einer Zeit, als das christlich-heidnische Naturvolk glaubte, zur Wintersonnenwende würden die Götter auf die Erde hinab steigen. Von ihnen erbaten sich die Seiffener den Segen für das kommende Jahr. Und so hat jede der am Heiligabend gereichten neun Speisen eine Bedeutung. Denn die Zahl 9 ist magisch, symbolisiert sie doch Glück, Wünsche, Träume und Erinnerungen.

Das „Neinerlaa" wird in vier Gängen serviert. Wenn Sie Glück haben, schmettern drei Damen in Erzgebirgstracht das Heiligobndlied, das wohl längste Weihnachtslied der Welt: „Mer ham a Neunerlä gekucht ... Trara Trallala".

G Hier gibts das Neinerlaa.

Die neun Speisen und ihr tieferer Sinn:

1. Linsensuppe: Das Kleingeld möge nie ausgehen.
2. Selleriesalat: Erhöht die Fruchtbarkeit.
3. Heringssalat: Bringt Geld ins Haus.
4. Tiere aus Erde, Wasser und Luft: Bringen Harmonie ins Leben.
5. Klöße und Kartoffeln: Versprechen das große Geld.
6. Dessert: Erhält die Freude im Leben.
7. Brot und Salz: Sorgen für einen guten Segen im Haus.
8. Sauerkraut: Das Leben möge nie sauer werden, sondern gesund bleiben.
9. Semmelmilch mit vielen Nüssen und Äpfeln: Wird von allen zusammen aus einer Schüssel gegessen, stärkt die Familienbande.

SÜSSER WEIHNACHTSGENUSS

Frank Walther bäckt noch so, wie seine Großeltern es schon in der traditionsreichen Bäckerei vor fast 100 Jahren getan haben. Er wiegt die Zutaten, mischt sie, knetet den Teig und formt ihn schließlich per Hand zu Laiben.

Sein Weihnachtsstollen ist eine köstliche Seiffener Spezialität, saftig, fruchtig und herrlich süß. Das Geschmacksgeheimnis von Bäcker Frank Walther: „Frisch aus dem Ofen schmeckt unser Seiffener Stollen am besten!"

FRUCHTIGE EISLECKEREI

Das Lokal Holzwurm, gegenüber vom Spielzeugmuseum, ist ein uriges Meisterwerk erzgebirgischer Gemütlichkeit mit rauen Holzbalken, hölzernem Tresen, grünem Kachelofen, kuscheligen Nischen und jeder Menge Räuchermännchen, Schwibbögen, Pyramiden und natürlich Holzwürmern. Doch nicht nur das Ambiente ist einladend, auch das Essen schmeckt. Kosten Sie das Eis aus einer regionalen Manufaktur. Ob aus puren Früchten oder mit Milch, alle Sorten sind ohne künstliche Aromen und Farbstoffe. Ein himmlisches Dessert.

Wildes Erzgebirge

REH, WILDSCHWEIN, HIRSCH – JÄGER FALKO ZOLL AUF PIRSCH FÜR DEN GENUSS

Ein grün gekleideter Mann schreitet über die frostklirrende Wiese direkt vor seiner Haustür. Falko Zoll lebt in Grundau, einem winzigen erzgebirgischen Dorf unweit von Seiffen, in dem es nur eine Straße, ein Dutzend Häuser und gerade 27 Einwohner gibt.

Hinter den Häusern schlängelt sich ein kleiner Bach und auf den Berghängen ragen majestätische Fichtenwälder in den Himmel. Das ist Falko Zolls Jagdrevier, 800 Hektar hat er hier gepachtet. Seine Aufgabe: „Wir Menschen haben die Bäume gepflanzt, wir haben dafür gesorgt, dass Großwildtiere wie Wolf, Bär, Luchs und Wildkatze verschwunden sind. In den vergangenen Jahrzehnten ist deshalb der Wildbestand in unse-

ren Wäldern enorm angestiegen. Diese Dichte ist die häufigste Ursache für Verbiss- und Schälschäden bei Setzlingen. Wir Jäger sorgen für ein Gleichgewicht im Wald." Es wurden aber auch Luchs und Wolf wieder gesehen. Nach ein paar Schritten klettern Jäger und Hündin Ronja auf die Kanzel. Das Warten beginnt. Warten auf den einen Augenblick, in dem ein Hirsch, ein Reh, ein Hase oder ein Wildschwein auftaucht. „Ich bin mit der Natur allein. Nur die Tiere sind zu hören, die irgendwo im Dickicht äsen, oder das Knarzen eines Baumes." Dann geht es schnell: Falko Zoll „spricht" kundig das Tier an, schaut, ob er es laut Jagdrecht schießen darf. Dann zielt er ruhig und sorgsam, erst dann folgt der Schuss. „Die Jagd ist für mich die tierfreundlichste Art, Fleisch zu essen. Denn bis dahin lebt das Tier frei und ernährt sich von den Gräsern und Kräutern des Waldes."

„Die Jagd ist eine der ältesten Formen des Nahrungserwerbs, verbunden mit einem tiefen Erleben der Natur."

Falko Zoll, Jäger

H Hier gibts Falko Zolls Wildpezialitäten.

A Spielzeugmuseum Seiffen/Touristinformation
B Bergkirche Seiffen
C Binge
D Schauwerkstatt Seiffener Volkskunst eG
E Glashüttenteich
F Erlebniswelt Richard Glässer
G Landhotel zu Heidelberg
H Wildbrethandel Falko Zoll

TOURISTINFORMATION SEIFFEN

Hauptstraße 73 - 09548 Kurort Seiffen - Telefon: 037362 8438
www.seiffen.de

Raus ins Grüne

MEHR TIPPS FÜR SEIFFEN

1. Geschichten auf dem Bergbausteig
Fast 400 Jahre lang wurde in Seiffen Zinn abgebaut. Die „Freunde des Bergbaus" erzählen bei Führungen lebendige Geschichte. Mit fantastischem Bingenblick.

2. Über blühende Wiesen rodeln
Die neun Steilkurven der Sommerrodelbahn machen besonders viel Spaß.

3. Winzig schöne Holzkunst
Holzeisenbahn, Bauernstube und eine ganze Schule passen in eine Zündholzschachtel. Das Miniaturspielzeug ist im Spielzeugmuseum zu bewundern.

4. E-Biken über sanfte Hügel
Radfahren im Mittelgebirge? Mit einem E-Bike schrumpft jeder Berg zum Hügel!

5. Spazieren mit Alpakas
In Carmens Ranch auf dem Schindelberg leben sechs Alpakas. Eine Wanderung mit den Tieren mit Kuschelfell ist anders als Gassigehen mit Hund.

ROMANTISCHE SPAZIERGÄNGE

Idyllische Runde um Seiffen
Entdeckungsreise durch die Ortsteile Seiffens sowie über den Schwartenberg, Ahornberg und Reicheltberg. Schöne Aussichten.

» Start: Überall in Seiffen
» Länge: 21 Kilometer

Historischer Bergbausteig
Alte Bergmannshäuser, das größte Pochwerk Seiffens oder die wildromantische Binge Geyerin sind Zeugen der 500-jährigen Bergbaugeschichte.

» Start: Eingang „Geyerin"
» Führungen: April - Oktober

Pfingstwanderung
Die Wanderung „Rund um das Spielzeugland" ist für Familien und Sportler geeignet. Drei Strecken mit 12, 18 oder 30 Wanderkilometern.

» Termin: Jedes Jahr am Pfingstsonntag

Leipzig Region

HÖFGEN

Das Dorf der Sinne

KÖSSERN

Das Dorf der Baumeister

1

2

3

4

5

6

7

8

1 Apfelblüte in Höfgen
2 Jagdhaus Kössern
3 Blumengruß, Höfgen
4 Seilfähre, Höfgen
5 Museum Wassermühle, Höfgen
6 Äpfel in der Saftmanufaktur, Papsdorf
7 Kirchenzimmer, Höfgen
8 Rittergut Kössern
9 Schiffmühle, Höfgen
10 Lämmermarkt, Kaditzsch

9

10

HÖFGEN

DAS DORF DER SINNE

Aromatische Verführungen

DAS GEHEIMNIS DER SCHWARZEN NÜSSE

„Willkommen in Höfchen." So bezaubernd, wie Semmelweib Heike Raubold den Namen ausspricht, so bezaubernd ist auch das Örtchen Höfgen mitten im sächsischen Burgenland. Strahlend weiß reckt sich die kleine Wehrkirche über die Wipfel der Bäume, unterhalb einer typischen Porphyrfelskuppe drängen sich sieben Bauernhöfe aus liebevoll gepflegtem Fachwerk dicht aneinander. Vor ihren Toren, hinter einer Wiese mit knorrigen Streuobstbäumen und zwei grasenden Schimmeln, windet sich die Mulde in einer sanften Schleife. Postkartenidylle, ein Dorf so schön wie ein Lächeln.

„Der Duft aus unserem historischen Backofen ist die fliegende Botschaft baldigen Genusses."

Hans-Henning Ruhmer, Verein Wassermühle Höfgen

Vor der Wassermühle treibt plätschernd der Mühlbach die Flügel des Mühlrads an, das bejahrte Mahlwerk klopft einen Takt, begleitet vom Klang der drei Kirchenglocken und dem Zwitschern der Vögel. Das Dorf-Orchester spielt eine Sinfonie für die Ohren. Semmelweib Heike Raubold reicht einen Augustiner-Tropfen, einen leicht süßlichen Kräuterlikör, den die Mönche aus Grimma schon vor 200 Jahren aus Wurzeln, Beeren und Kräutern fertigten, um das Wohlbefinden zu erhöhen. Der Schluck weckt die Sinne für den Kulinarischen Dorfspaziergang der Gästeführerin. Drei Stunden geht es munter von Haus zu Haus, mit Kostproben aus der Kiepe, von Müller und Wirten. „Warum schenkte der Müller Bier aus? Was wurde im Gotteskasten versteckt? Wieso klapperte es in Höfgen früher?" Fröhlich und unterhaltsam erzählt die Gästeführerin historische Geschichten und Anekdoten. Sie sind wie Zucker für die Seele, man kann nicht genug davon bekommen.

Des Müllers Lust

BROT BACKEN WIE ANNO DAZUMAL

Erste Station des Kulinarischen Dorfspaziergangs: Ein Duft von frischem Brot zieht aus der letzten noch erhaltenen Wassermühle des Muldentals durch den kleinen Ort. Im historischen Steinofen warten 55 Mühlenbrote darauf, herausgezogen zu werden. Morgens um sechs Uhr hatte Hans-Henning Ruhmer an diesem Sonnabend den Backofen angeheizt. In fünfter Generation, seit 1859, ist seine Familie mit der Mühle verbunden. „Früher haben wir das dazugehörige Bauerngut und die Gastwirtschaft betrieben. Doch als die Mühle 1954 ihren Mahlbetrieb einstellte, drohte der Hof zu verfallen.“ Mit dem Verein zur Erhaltung der Wassermühle Höfgen rettete Hans-Henning Ruhmer das faszinierende Zeugnis vergangener Handwerkskunst. Und heizt heute den alten Backofen genau so an wie seine Vorfahren vor 200 Jahren schon. Er verteilt trockene Holzscheite im ganzen Backraum und lässt sie vier Stunden lodern, bevor er die 35 kleinen und 20 großen Teiglinge hineinschiebt. Senior-Bäcker Paul Lehmann hatte den Teig aus Mehl, Wasser, Salz und Natursauerteig schon am Vortag vorbereitet und reifen lassen. Nun macht er den Klopftest. „Klingt hohl – fertig“, nickt der Hobby-Bäcker zufrieden. Die ofenwarmen Brote bringt er in die benachbarte Gaststube. Dort ist das Mühlenbrot eine schmackhafte Beilage zu Salaten und Suppen.

EINMAL WILDSCHINKEN, BITTE

Der Wirt des Gasthauses Zur Wassermühle kommt aus dem Schwarzwald. Und was können die Schwarzwälder am besten? Schinken räuchern. Erst vor Kurzem hat Markus Riesterer einige Wildschweinlachse in den Buchenrauch gehängt. Vorher legte er die zarten Fleischstücke in einer Salzlake ein. Dann wurden sie 36 Stunden von würzigen Aromanebeln umhüllt. Die Temperatur des Rauches beträgt nicht einmal 25 °C, ein besonders schonendes Räucherverfahren. Saftig glänzt nun die Kruste des Schinkens. Serviert wird er mit zartem Feldsalat, Croutons, Brickteig-Chips und aromatischem Dressing. Delikate Überraschung: der fruchtige Geschmack von hausgemachten schwarzen Nüssen.

C Hier gibts Wissenswertes und Schmackhaftes rund um die Wassermühle.

„Klingt hohl – fertig."

Hans-Henning Ruhmer,
Vorsitzender des Vereins zur Erhaltung
der Wassermühle Höfgen

Schwarze Perlen: Johanninüsse

EIN GEDICHT FÜR DEN GAUMEN

Das Semmelweib wandert auf seinem Kulinarischen Dorfspaziergang vom Dorfkern zum alten Fährkahn. Er pendelt seit 1513 zwischem dem Kloster Nimbschen und Höfgen. „Appetit auf ein Gläschen Streuobstwiese?", fragt das Semmelweib. Fasziniert vom Blick in die herbstlich bunte Muldenaue schmeckt der aromatische Apfelsaft als letzter süßer Gruß des Sommers besonders köstlich. Einst knatterten an der Mulde viele Schiffmühlen, die das Getreide oder Holz der Bauern verarbeiteten. Heute dreht sich nur noch das Rad der Schiffmühle in Höfgen, ein Nachbau von 1992. Es erzeugt Strom, mit dem die historischen Wasseranlagen im Jutta-Park betrieben werden. Eine faszinierende Technik. Im Erlebnishotel Zur Schiffsmühle läutet eine Kürbissuppe das Ende der Semmelweib-Tour ein. Die Kürbisse kommen, wie so viele andere Zutaten, gleich aus dem Nachbardorf.

Als zweiten Gang kredenzt das kreative Küchen-Team Entenbrust mit Rosenkohl, Haselnussgrießnockerln und schwarzen Nüssen. Ein grandioses Pärchen: das zarte Fleisch und die fruchtigen Nüsse mit ihrem feinen Aroma von Waldmeister.

Genuss braucht Weile. Fast 40 Tage dauert es, bis aus den Johanninüsse genannten grünen Walnüssen aromatische Begleiter für Wild- und Entengerichte werden. Für Sylvia Ehrlich war die Verdelung der unreifen Nüsse ein Experiment. Den Gästen der Schiffsmühle schmecken die schwarzen Perlen. Vielleicht werden sie sogar in die Produktliste der kleinen Manufaktur Spirit of Nature im benachbarten Grimma aufgenommen. Die Lebensmitteltechnologin fertigt Hausmacherspezialitäten aus Hanf, Ingwer, Aronia und Wildfrüchten.

H Hier gibt es Sylvia Ehrlichs Hausmacherspezialitäten.

Raus ins Grüne

MEHR TIPPS FÜR HÖFGEN

1. Spannend: Die Schiffmühle
Ein schwimmendes Museum auf der Mulde. Die Mühle ist von April bis Oktober aktiv.

2. Historisch: Die Seilfähre
Nachweislich seit dem 13. Jahrhundert gibt es eine Fährverbindung zwischen Kloster Nimbschen und Höfgen. Bis heute wird der Kahn über die Mulde gestakt und dabei an einem Seil geführt.

3. Authentisch: Die Kirche
Die Bemalung der Emporen im bäuerlichen Barock hat im Verlauf der Jahrhunderte seit 1654 einigen Schaden genommen. Die Spuren wurden nicht übertüncht, sondern bei der Restauration erhalten.

4. Fesselnd: Die Mühlentechnik
Warum kann ein kleiner Bach Getreide mahlen? In der Wassermühle ist die alte Technik zu erleben. Mit Einblick ins Leben und Wohnen des Müllers.

5. Glückbringend: Das „Ja-Wort"
Ein ganzes Dorf als romantische Kulisse für den schönsten Tag des Lebens – in Höfgen vermag jede Ecke Brautpaare wundervoll in Szene zu setzen.

WEG DER STEINE

Der „Weg der Steine" ist ein thematischer Wanderweg zwischen Grimma, Höfgen und Kössern und anderen Orten, mit Skulpturen von Friedhelm Lach, Monika Geilsdorf, Eberhard Krüger und Erika Zuchold. Der Weg beginnt in Grimma an der Pöppelmannbrücke, führt über den Rabenstein nach Höfgen und schließlich über die Steinklippen an der Mulde bis Förstgen. Auf der Strecke wurden insgesamt 28 Steinstationen errichtet. Dazu zählen Steinwegweiser, Sitzsteine, Taststeine und Skulpturen.

» Länge: 8 Kilometer » Dauer: 2 Stunden

MÜHLENRUNDKURS

Start an der Schiff- oder an der Wassermühle in Höfgen. Fahren Sie auf der Höfgener Straße bis zur Denkmalschmiede in Kaditzsch. Weiter geht es zur Paltrockwindmühle in Schkortitz, dann nach Naundorf und über den Thümmlitzwald zurück nach Höfgen.

» Länge: 15 Kilometer » Dauer: 1,5 Stunden

STADTINFORMATION GRIMMA

Markt 23 – 04668 Grimma – Telefon: 03437 9858285
www.dorfdersinne.de

KÖSSERN

DAS DORF DER BAUMEISTER

Köstlicher Genuss

RITTER-BURGER UND EIN OBSTSCHATZ IM KARTON

Aufsatteln und Losradeln: Eine Radwanderung an der Mulde ist ein Erlebnis der besonderen Art. Der Weg führt mal direkt an einem der am schnellsten fließenden Flüsse Europas entlang, mal etwas abseits durch hübsche Orte. Er schlängelt sich an schroffen Felsen und ausgedehnten Wäldern vorbei, passiert prächtige Schlösser und romantische Kirchen. Zwischen Höfgen, dem Dorf der Sinne, und Kössern, dem Dorf der Baumeister, liegen nur fünf Kilometer. Nach einer halben Stunde Fahrvergnügen grüßt das Jagdschloss zu Kössern – ein Schmuckkästchen.

„Moderne Ritter füttern in Kössern ihre Drahtesel mit Heu aus der Steckdose und schmausen Veggie-Burger."

Benjamin Gorgas, Gesellschafter Rittergut Kössern

Hier, hoch über der Mulde, verwirklichte sich der sächsische Hochadel. Wolf-Dietrich von Erdmannsdorff, Ältestenminister bei August dem Starken und Kurfürstlicher Oberhofjägermeister, ließ 1695 das Herrenhaus bauen. Schon damals muss ihn der grandiose Blick über die Muldenaue begeistert haben. Oberlandbaumeister Matthäus Daniel Pöppelmann, Architekt des Dresdner Zwingers, entwarf das barocke Jagdhaus mit einem herrschaftlichen Festsaal, der von üppigem Stuck und prachtvollen Deckengemälden gekrönt ist. Gleich daneben entstand der erste Wohnpark Deutschlands: 45 Häuser für die Handwerker reihen sich mit ihren kleinen Gärten um den Schlosspark. Heute organisiert ein engagierter Verein im Jagdschloss hochkarätige Veranstaltungen.

Das Rittergut nebenan dämmerte lange im Dornröschenschlaf. Zwei Leipziger Idealisten übernahmen es 2012, tauschten in ihrer Freizeit Geschäftsanzug gegen Gummistiefel und ließen das Kleinod wieder erstrahlen. Trinken Sie hier ein Glas Jagdhaus-Apfelsaft, essen Sie einen Ritter-Burger und genießen Sie den Glanz Kösserns.

Neu im Sortiment
Brotback-
Mischungen

Ritterschlag für den Gaumen

RITTER-BURGER VON FRAU BURGER

Das Rittergut Kössern ist ein Ort voller Zauber. Der kleine Hofladen mit Kachelofen in der Nische, nostalgischen Holzmöbeln und romantischen Sitzgrüppchen unter der alten Linde lädt zum Verweilen ein. Es duftet nach Schokolade, Keksen und frischem Kaffee, hausgemachte Torten mit Sahne verlocken zur süßen Sünde.

Wer Appetit auf etwas Deftiges hat, der sollte einen Ritter-Burger bei Frau Burger bestellen. Marianne Burger ist die gute Mamsell des Ritterguts, kocht und backt voller Lust und Freude für ihre Gäste. Das Schichten des Burgers geht ganz schnell: Eine Sesambrötchenhälfte wird mit selbst gemachter Mayonaise bestrichen, hausgemachter Krautsalat darauf, zwei Scheiben gebratener Kohlrabi, honigsüßer Rote-Beete-Salat und ein himmlisches Chutney zur Würze, gerösteten Sesam dazu, zweite Brötchenhälfte als Deckel darauf. Fertig ist der Veggie-Burger.

Dazu trinkt man ein prickelnd-frisches Pumpernickel, ein Ritterschlag für den Gaumen. Noch schnell ein Blick ins Regal des Hofladens und der Rucksack ist gefüllt mit Säften von Kerstin Lieber, Mehlen aus Polkenberg, Marmeladen, Ölen und frischem Gemüse von Bauern aus dem Dorf.

NERCHAUER PUMPERNICKEL

Er reist gern ins Mittelalter zurück, organisiert Ritterturniere und Zunftmärkte und gehört zum fahrenden Spielmannsvolk. Seit acht Jahren ist Jochen Rockstroh nun auch Herr eines 500 Jahre alten Schlosses mit urigen Gewölberäumen. Und was gehört zu einer mittelalterlichen Tafelrunde dazu? Ein ordentliches Bier! Deshalb wurde Rockstroh 2011 Brauherr. Seine Spezialität: Nerchauer Pumpernickel. Eine längst vergessene Sorte, die schon Anfang des 15. Jahrhunderts hier getrunken wurde. Der rauchige Geschmack kommt vom Röstmalz, die brotige Note vom Roggen und die Gerste baut Biobauer Andreas Kühne ganz in der Nähe in Sachsendorf an. Das Nerchauer Brauhaus ist die erste vollständig in Bio-Qualität produzierende Brauerei in Sachsen. Ein zünftiges Plopp der Ursprünglichkeit.

Ein irrer Duft

OBSTSCHATZ IM KARTON

Das Jagdschloss Kössern hat einen Paradiesgarten. Darin wachsen mehr als 70 verschiedene Apfelsorten mit poetischen Namen: Weißer Winterglockenapfel, Altländer Pfannkuchenapfel und Kaiser Wilhelm. Sorten, die längst aus den Regalen im Supermarkt verschwunden sind.

Im Herbst werden die Äpfel gesammelt und in die Saftmanufaktur Lieber in den Nachbarort Papsdorf gebracht. Hier werden die kostbaren Früchte in einem besonders schonenden Verfahren in einer Packpresse ausgedrückt. „Der Saft behält so die ganze Vielfalt der Aromen und Vitamine", erklärt Inhaberin Kerstin Lieber. „Als ich 2007 die ersten Äpfel auspresste, wollte ich den Geschmack meines eigenen Gartens erforschen. Jeder Apfel schmeckte anders, jeder Saft folglich auch." Diese Sortenreinheit des Saftes wurde Kerstin Liebers Erfolgsgeheimnis. Heute stapeln sich in der Erntesaison riesige Kisten und Boxen mit Äpfeln, Birnen und Quitten vor der kleinen Manufaktur. „Immer mehr Leute entdecken die Schätze vor ihrer Haustür, wollen ihren ureigenen Saft trinken und kümmern sich deshalb auch mehr um ihre Obstbäume." Saften zur Erhaltung der Artenvielfalt.

Der Kösserner Jagdschloss-Apfelsaft mit dem irren Duft einer Streuobstwiese ist ein beliebtes Souvenir für Schlossgäste und ein Pausengenuss bei Konzerten. Und wenn im Mai die Apfelbäume in Kössern wieder blühen, freuen sich die Brautpaare über eine märchenhafte Fotokulisse – und alle anderen über die Prophezeiung eines neuen Saftgenusses.

„Ohne Torten und Gebäck hat das Leben keinen Zweck."

Juliane Kossack,
Konditorei Tortenträumerei

SÜSS WIE DIE SÜNDE

Eine Kamera zum Anbeißen, ein Fußball mit Eierlikörschuss, eine singende Kuchen-Prinzessin, ein Blütenwasserfall aus Zucker: Juliane Kossack modelliert aus einfachen Biskuitböden spektakuläre Tortenträumereien – süße Sünden, die mit ihren heimlichen Reizen wie Himbeer-Mascarpone-, Eierlikör-, Baileys- oder Marzipan-Nougat-Creme nicht geizen. Manche Tortenwerke sind schwindelerregend hoch, drei- oder gar vierstöckig. Die Fantasie der Tortenkönigin von Grimma scheint schier unerschöpflich zu sein. In der zauberhaften Konditorei gleich neben der Frauenkirche entstehen die Stars vieler Hochzeitsfeiern, oft gesehen im barocken Festsaal des Jagdhauses Kössern.

F Hier gibts die süßen Leckereien.

A Rittergut
B Jagdhaus/Touristinformation
C Forsthaus
D Ferienpark Thümmlitzsee
E Spritzenhaus
F Konditorei Tortenträumerei Grimma

TOURISTINFORMATION KÖSSERN

Kösserner Dorfstraße 1 – 04668 Grimma-Kössern – Telefon: 034384 73931
www.dorfderbaumeister.de

Raus ins Grüne

MEHR TIPPS FÜR KÖSSERN

1. Kunstgenuss
In wechselnden Ausstellungen präsentieren im Erdgeschoss des ehemaligen Kuhstalls vom Rittergut Künstlerinnen und Künstler aus den Regionen Leipzig und Dresden ihre Werke.

2. Hörgenuss
Im prächtigen Festsaal des Jagdschlosses werden regelmäßig hochkarätige Konzerte gespielt. Rechtzeitig Karten reservieren.

3. Kulinarischer Genuss
Im Kleinen Hofladen des Rittergutes werden ganz besondere Lebensmittel von verschiedenen Produzenten aus der Muldental-Region angeboten. Die verschiedenen Kaffeesorten, Pralinen, Wurstwaren, Öle und vieles mehr sind köstliche Mitbringsel für Zuhause.

SPAZIERGANG MIT DEM STEINMETZ

Wer die Pracht und Schönheit von Kössern angereichert mit interessanter Geschichte und spannenden Geschichten erleben möchte, sollte sich zu einer Führung mit dem Steinmetz anmelden. Gästeführer Rudolf Brendel schlüpft für die Führung in die historische Rolle, um Besucher durch das Dorf der Baumeister zu führen und sie in die Geheimnisse der Architektur einzuweihen.

» Länge: 3 Kilometer » Dauer: 1,5 Stunden

WASSERWANDERN AUF DER MULDE

Start in Leisnig/Fischendorf. Bei der Schlauchboot-Tour zwischen Leisnig und Grimma passiert man weite Landschaften, kleine Dörfer, Schlösser und Mühlen, kommt durch Höfgen und Kössern und paddelt unter sieben Brücken hindurch. An der achten Brücke, der Hängebrücke Grimma, hat man schließlich sein Ziel erreicht.

» Länge: 22 Kilometer » Dauer: 4-6 Stunden

1887

Vogtland

JÖßNITZ

Das Dorf für Aktive

LEUBNITZ

Mühlen und Wege

MORGENRÖTHE-RAUTENKRANZ

Das Raumfahrtdorf

1

2

3

4

5

6

1 Schloss Leubnitz
2 Schmiede, Steinsdorf
3 Festsaal im Schloss Leubnitz
4 Intarsien-Stube Sigmar Zahn, Jößnitz
5 Echt Dünnebiers, Jößnitz
6 Blick auf Morgenröthe-Rautenkranz
7 Falknerei Herrmann, Jößnitz
8 Deutsche Raumfahrtausstellung, Morgenröthe-Rautenkranz

7

8

JÖßNITZ

DAS DORF FÜR AKTIVE

Original Vogtländer

WOHLTUENDER AROMATIQUE UND KULTIGE GRIEGENIFFTE

So hoch wie Matterhorn, Eiger oder Mönch sind die Berge nördlich von Plauen nicht. Weil aber Warthübel (454 Meter), Ploßenhübel (433 Meter) und Hornhübel (419 Meter) das kleine Jößnitz umschließen, wird die Gegend liebevoll Vogtländische Schweiz genannt. Als erste Besitzer von Schloss und Rittergut residierten hier ab 1282 die Herren von Jößnitz. Diese Anlage gibt es heute leider nicht mehr. Aber das Wahrzeichen des Ortes, das frühere Jägerhaus, thront noch immer beeindruckend auf einem Felssporn. Es wurde zu einem romantischen Hotel umgebaut, an dem E-Bikes für eine Rundfahrt bereit stehen. Vom Schloss führt der Weg hinab zur Falknerei. Haben Sie schon einmal den hinreißenden Augenaufschlag eines Bartkauzes gesehen oder den majestätischen Flug von Adlern erlebt?

Weiter geht es zum Pfaffengut, einem abgelegenen Hof mit prächtigem Bauerngarten, kulinarischen Veranstaltungen und Waldemar, einer Vogtländischen Wildkatze. Wenige Radumdrehungen weiter duftet es schon aus der Küche der Pfaffenmühle. Seit vier Generationen laden die Jahnsmüllers hier zur Rast ein. Es gibt Griegeniffte mit Hirschbraten. Nach der Stärkung lohnt ein Abstecher zur Elstertalbrücke.

„Die Stars in den Kochtöpfen von uns Jößnitzern sind Kartoffeln – ganz oder in Scheiben, roh, gekocht, gebraten, geröstet, als Bambes oder Griegeniffte."

Jürgen Jahnsmüller, Koch in der Pfaffenmühle

Unbeschwert radeln auf dem E-Bike mit eingebautem Rückenwind, und schon ist man nach acht Kilometern zurück in Jößnitz. In der Röttiser Straße 8 hat Sigmar Zahn sein Atelier. Sein Pinsel ist ein scharfes Messer, seine Farben sind hauchdünne Furniere. „Aus Hunderten Holzplättchen kreiere ich Bilder", beschreibt der Künstler seine Intarsien, seine Gemälde aus Holz. Am Ende der Tour stehen die Bikes wieder an der alten Schlossmauer, laden die Akkus für neue Abenteuer.

Uralte Küchenrituale

SCHLEMMEN IN BIO-QUALITÄT

Am Rande von Jößnitz, dort, wo der Ort in Wiesen und Wälder übergeht, führt ein idyllischer Rosenweg hinauf in das helle, freundliche Familienrestaurant Romantica. Hier steht Hans-Ullrich Malek in der Küche, ein leidenschaftlicher Koch, der in vielen renommierten Häusern in Berlin, München und Bonn gearbeitet hat. Der Liebe wegen zog er vor 15 Jahren ins Vogtland. Das Rindfleisch kommt von einem Bio-Hof in der Nachbarschaft, Obst und Gemüse aus dem eigenen Gewächshaus oder von regionalen Anbietern, die Kräuter aus dem Garten. Der Wildschweinbraten mit Bambes schmeckt so, wie er aussieht – fabelhaft.

Das Geheimnis der Griegenifften

In Jößnitz' Küchen wird ein besonderer Kult betrieben: Die Köche niffen. Einer der Hauptvertreter dieses uralten Rituals ist Jürgen Jahnsmüller, Koch in der Pfaffenmühle. Für das Niffen braucht er rohe Kartoffeln. Sie werden gerieben und ausgepresst. Dabei fängt der Koch das Wasser auf. Die weiße Stärke vom Schüsselboden gibt er zur rohen Kartoffelmasse, salzt, überbrüht den Brei mit einer Tasse kochenden Wassers und rührt dann gestampfte, gekochte Kartoffeln unter. Aus der Masse formt er kleine Kugeln, die 15 bis 20 Minuten in Salzwasser gekocht werden. Fertig sind die geliebten Griegenifften, die Grünen Klöße des Vogtlandes. Schon vor mehr als 130 Jahren spazierten die Plauener durch das beschauliche Kaltenbachtal, machten Rast in der beliebten Pfaffenmühle und aßen Griegeniffte mit Wildbraten. Das Gasthaus mit rustikalem Biergarten unter alten Kastanienbäumen, Hirschen und Rehen im Wildgehege und einer Modell-Eisenbahn in der Winterzeit ist urig.

Zutaten für 12 Klöße: 1,5 kg rohe Kartoffeln (mehlig kochend), 600 g gekochte Kartoffeln (mehlig kochend), Salz, Weißbrotwürfel

Der Feine danach

AROMATIQUE – EIN WIRKSAMER GEWÜRZBITTER

Die kulinarischen Verführungen von Griegenifften, Hirsch- und Rinderbraten waren groß, nun kämpft der Magen mit der Fülle. Da hilft nur eins: ein Echter Dünnebiers Aromatique. Der Gewürzbitter hat es in sich. Ein Schlückchen reicht und die Bitterstoffe von Enzianwurzel und Bitterorange sowie die ätherischen Öle von Zimtblüte, Nelke und Kubmin-Pfeffer räumen eifrig das Chaos im Magen auf. Ein ausgezeichneter Likör, meinte auch die Jury im Jahre 1900 zur Weltausstellung in Paris, die den Aromatique aus Zwickau mit einer Goldmedaille ehrte.

Bis kurz nach dem Zweiten Weltkrieg wurde der Likör produziert, dann fehlten die Zutaten. Mehr als 50 Jahre verstaubte danach das dicke Rezeptbuch, bis Bernd Gallon, einziger Erbe des Likörfabrikanten, es 2011 auf seinem Dachboden entdeckte: „Beim Lesen der Rezepte erinnerte ich mich sofort an den würzigen Duft der Kindheit im Haus meines Onkels." Der Jößnitzer ging auf Gewürzsuche und setzte den ersten Zwölf-Liter-Ballon Aromatique an. Nach sechs Wochen kostet er zum ersten Mal einen Schluck. „Er schmeckt ein bisschen scharf, ein bisschen bitter und erdig, ein unverfälschter Genuss."

Heute duftet es im Haus des ehemaligen Plauener-Spitze-Händlers wie einst beim bekannten Dünnebier. Vier aromatische Liköre produziert Gallon in seinem Keller – alkoholische Kostbarkeiten made in Jößnitz.

C Hier wird Echt Dünnebiers serviert.

„Mit Hilfe der geheimen Kraft der Gewürze entstehen vorzügliche Essenzen."

Bernd Gallon, Echt Dünnebiers

Echter Dünnebiers
AROMATIQUE
Dünnebierhaus
Liqueur Fabrikation
Feinster
Magen - Liqueur

Raus ins Grüne

JÖẞNITZ UND STEINSDORF – EIN REIZVOLLES PÄRCHEN

Jößnitz
Das Dorf für Aktive, ein staatlich anerkannter Erholungsort vor den Toren Plauens, trägt seinen Beinamen nicht zufällig: Auf Besucher warten ein weitläufiges Wander-, Rad- und Reitwegenetz über Diabaskuppen und durch romantische Täler, vorbei an Streuobstwiesen, Teichen und Gärten. Der historische Ortskern wird von der Dorfkirche auf dem einen und dem Jägerhaus auf dem anderen Hügel geprägt.

Steinsdorf
Das pitoreske Nachbardorf mit seinen alten Bauernhäusern, prachtvollen Hausgärten, einer liebevoll sanierten, historischen Schmiede und einem Dorfteich im Zentrum ist wirklich sehenswert. Auf einem Hügel steht eine der schönsten Dorfkirchen des Vogtlandes mit einem Altar von Bildschnitzer Peter Breuer. Sportlich geht es auf dem 18-Loch-Golfplatz zu.

DIE SCHÖNSTEN RADTOUREN

Windmühlenweg
Start am Schlosshotel Jößnitz. Sie fahren durch das Altdorf, dann an einem großen Teich vorbei bis zum Heiteren Blick. Bei klarem Wetter gibt es hier eine fantastische Sicht auf die Höhen des Erzgebirges. Nach wenigen Metern wird schon die Holländermühle auf der Drachenburg in Syrau sichtbar. Die nahe gelegene Drachenhöhle zählt zu den schönsten Tropfsteinhöhlen Deutschlands. Über Siebenlind und die Krimnitz geht es zurück nach Jößnitz.

» Länge: 16 Kilometer » Dauer: 2 Stunden

Elstertalbrücke
Tourbeginn am Schlosshotel Jößnitz. Der Weg führt vorbei an der Falknerei Herrmann mit spektakulären Flugvorführungen zum Pfaffengut (vorher die Veranstaltungskalender checken). Zur Rast lädt die traditionelle Pfaffenmühle ein. Ab hier geht es durch das wildromantische Nymphental zur Elstertalbrücke, der zweitgrößten Ziegelsteinbrücke der Welt. Der Rückweg führt über das Waldhufendorf Röttis nach Jößnitz.

» Länge: 7,25 Kilometer » Dauer: 1,5 Stunden

TOURISTINFORMATION JÖßNITZ

Gerhart-Hauptmann-Straße 8 – 08547 Plauen/OT Jößnitz – Telefon: 03741 521188
www.joessnitz.de

LEUBNITZ

MÜHLEN UND WEGE

Tischlein, deck dich!

TEUFELS WERK UND DRACHENSCHMAUS

Psst! In Leubnitz gibt es eine Piepshow. Um sie zu erleben, muss man im Schloss die steinerne Treppe hinaufsteigen. Aber Vorsicht, im Obergeschoss lauert ein lebensgroßer Elch und im Dachgeschoss wohnen Braunbär, Warzenschwein, Antilope und Strauß. Es sind ausgestopfte Prachtexemplare der Natur- und Jagdsammlung. Hier steht auch die Live-Kamera, die direkt in ein Vogelwohnzimmer linst. Starten die Federkinder bald ihre ersten Flugversuche? Wer weiß.

„Marie Antoinette trug Kartoffelblüten im Haar, um König Ludwig XVI. zu bezirzen. Ich trage bunte Kartoffeln zum Markt, um mit königlicher Vielfalt Menschen zu verführen."

Steffen Janke, Kartoffelsammler aus dem Mühlenviertel

Sicher ist hingegen, dass Müllerbursche Ralf Schiller vor dem Schloss regelmäßig seine geführte E-Bike-Tour startet. Entspannt mit eingebauter Strompower geht es auf den Müllerburschenweg. Rund um das Dörfchen Leubnitz klapperten einst Dutzende Mühlen, 14 von ihnen sind noch erhalten. Doch nur die Windmühle von Syrau dreht noch dreimal im Jahr ihre Mahlsteine. Schon von weitem sind ihre Flügel zu sehen. Die neun Meter langen Ruten standen fast 70 Jahre still, bis Nachbarn sich erbarmten und das technische Museum in monatelanger Freizeitarbeit instand setzten. Besonders beeindruckend: ihr hölzernes Getriebe. Es knarrt und quietscht wie vor hundert Jahren schon.

Nicht weit davon spukt Drache Justus in seiner sagenumwobenen Unterwelt aus Tropfsteinen, Seen und bizarren Lehmformationen. Sicherlich würde er am liebsten zum Frühstück ins nahe gelegene Café Syrau fliegen und dort einen zünftigen Drachenschmaus verschlingen. Während der E-Bike-Tour durch die Kuppenlandschaft südlich von Plauen ist dieses feurige Mahl die perfekte Stärkung.

Klassiker mit modernem Pfiff

BAMBES TO GO

Sylvia Schellenberg hat mit ihrer kleinen Manufaktur „pufferfreunde“ die traditionellen Bambes, die Kartoffelpuffer des Vogtlandes, neu erfunden. Mit Spinat, Pilzen oder Kürbis, pur oder scharf, sind sie alles andere als langweilig. Das Schöne daran: Es gibt den Pufferteig küchenfertig im Hofladen oder im Online-Shop. Wer vorher kosten möchte, kann sich auf dem Europäischen Bauernmarkt in Plauen durch die Bambeskreationen futtern.

FEURIGER DRACHENSCHMAUS

Im Café Syrau kocht Diana Tröger seit 2010 wie zu Omas Zeiten. „Ich heize seit 16 Jahren jeden Morgen die alte Kochmaschine mit Holz an“, sagt die Wirtin. Dann würzt sie Nackensteaks, Rindsrouladen und Schnitzel von der traditionsreichen Fleischerei Geuthner gleich gegenüber und rührt den Teig für Bambes an. Gute Hausmannskost, für echte Drachen sogar feurig scharf.

EINE FABELHAFTE LIEBESERKLÄRUNG

Wer kennt den Mutz? Die Schelme vom Unnützen Verein der Freien Mutzfänger Thüringens behaupten, das scheue Tier ohne Schwanz verstecke sich tief in den Wäldern. Gesehen hat ihn noch keiner. Sein Braten aber ist beliebt. Nur einen Steinwurf vom klassizistischen Schloss Leubnitz entfernt, bereitet Christian Freund den Mutzbraten in der rustikalen alten Teichmühle zu: „Wir bewahren Klassiker aus unserer Region, überraschen aber mit neuartigen Interpretationen.“ So wird ein saftiges Stück Schweinebraten mit Majoran, Kümmel, gehackten Kräutern und einigen geheimen Zutaten gewürzt und dann für Stunden in kräftigem Schwarzbier zur Ruhe gelegt. Einen Tag später gart der Braten langsam in der Röhre, während aus der Bier-Marinade eine kräftige Soße gerührt wird. Der Braten wird in feine Scheiben geschnitten, mit Zwiebeln kross gebraten und mit Knoblauchkartoffeln und Sauerrahm serviert. Eine fabelhafte Liebeserklärung an die vogtländische Küche.

Des Teufels Werk

PAPA QUIVA, CJAUHUIVI, PERUANA – STEFFEN JANKE IM KARTOFFELRAUSCH

„Eine höllische Frucht, die Liebe befeuernd, ein Aphrodisiakum", verteufelte der Klerus vor 400 Jahren die Knolle. Heute ist Steffen Janke tatsächlich der Kartoffel verfallen. Die Alkaloide in der Schale waren es jedoch nicht, die ihn verführten. Als der Bauingenieur Anfang der 1990er-Jahre zum ersten Mal nach Mexiko fuhr, um in 4000 Metern Höhe wildwachsende Kakteen zu suchen, geriet er inmitten der kargen Felsenlandschaft ungeahnt in einen Freudenrausch: „Neben den stacheligen Gewächsen blühte es in Lila, Dunkelblau und Gelb. Blüten, so schön wie Orchideen." Der Hobbybotaniker grub die Pflanzen aus und staunte: „Es waren Kartoffeln, ihre Knollen knorrig, mit tiefen Augen und Fruchtfleisch in faszinierenden Farben." Seitdem hat er sich zum Kartoffel-Experten qualifiziert, über 300 Sorten gesammelt. Jankes größte Überraschung: Die Raritäten gedeihen nicht nur in den Anden, sondern auch in seinem Garten in Schönberg, nahe Leubnitz. Im Herbst verkauft er seine Ernte auf Märkten.

Bock auf Ziegenkäse

FETA MIT KRÄUTERN, ROTE ZIEGE UND KLEINER FRANZOSE – LANGENBACHER KÄSESPEZIALITÄTEN

Ausgerechnet Ziegen. Noch vor 15 Jahren hätte Annette Meißgeier nicht gedacht, dass die Meckerer unter den Tieren einmal ihr Leben bestimmen würden: „Ziegen hatte ich angeschafft, um mit ihrer Milch die Schweine zu füttern." Die ersten Käserei-Versuche waren Käse, nur den Hühnern schmeckte er. Doch heute ist die Theke im kleinen Hoflädchen reich gefüllt. Es gibt Quark und Joghurt, Camembert pur, mit Holzasche, mit Walnuss oder mit Salzlake geschmiert, Hartkäse, Frischkäse, Käse mit Kräutern obendrauf oder mit Kräutern innendrin. Mehr als 20 verschiedene Sorten reifen in der modernen, 2007 gebauten Käserei.

Über den Hof ist das Meckern der schokobraunen Thüringer Waldziegen zu hören. Die seltenen, vom Aussterben bedrohten Tiere warten darauf, endlich auf die Wiese zu kommen. „Jeden Tag lächeln mich 70 Gesichter an", schwärmt Annette Meißgeier. Zumal jeden Tag welche hinzukommen: von Kunden, die nichts zu meckern haben.

F Hier gibt es die Käsespezialitäten.

VOGTLÄNDISCHES MÜHLENVIERTEL

Am Park 1 (im Schloss Leubnitz) - 08539 Leubnitz - Telefon: 037431 86200
www.muehlenviertel-vogtland.de

Raus ins Grüne

MEHR TIPPS FÜR LEUBNITZ

1. Konzerten lauschen
Der im frühklassizistischen Stil erbaute Festsaal ist das Schmuckstück des Schlosses Leubnitz und wird für Hochzeiten und Konzerte genutzt.

2. Durch den Park wandeln
Der Schlosspark wurde 1890 im englischen Stil angelegt. Er ist, wie das Schloss, denkmalgeschützt und hat einen Baumlehrpfad.

3. Bauernhof erleben
„Wenn ich groß bin, werd' ich Bauer!" Kälber streicheln, Schweine füttern, den Hof fegen, Traktor fahren und Leberwurst essen – für Andreas Seiler ist der Bio-Bauernhof seiner Eltern der schönste Spielplatz. „Bei uns kann man toll Kindergeburtstag feiern."

4. Alte Geigen bewundern
Im kleinsten Musikinstrumentenmuseum der Welt stellt der ehemalige Akkordeonbauer Karl-Heinz Teuschler auf 32 Quadratmetern mehr als 350 historische Instrumente aus.

DER MÜLLERBURSCHENWEG

Start am Schloss Leubnitz. Es geht durch die reizvolle Kuppenlandschaft im Zentrum des sächsischen, thüringischen, bayrischen und böhmischen Vogtlandes zu den heute noch erhaltenen Mühlen. Der Weg führt zum imposanten Schloss Mühltroff, zu Sachsens einziger Tropfsteinhöhle (Drachenhöhle Syrau) und ins kleinste Musikinstrumentenmuseum der Welt. Besonders unterhaltsam: die Begleitung durch den Müllerburschen Ralf Schiller. Der Weg kann abschnittsweise geradelt oder gewandert werden.

» Länge: 53,5 Kilometer » In Etappen wandern

LEUBNITZER RUNDWEG

Start am Schloss Leubnitz. Der mit einem gelben Punkt markierte Weg führt an Mühlen vorbei und über Höhen mit wunderbaren Ausblicken. Man sieht den Kapellenberg an der Grenze ins böhmische Egerland, den Aschberg bei Klingenthal, lugt hinüber ins Erzgebirge, ahnt die Ausläufer des Thüringer Waldes und des bayerischen Fichtelgebirges. Ein sanftes Auf und Ab, das mit romantischen Kleinoden wie Waldbad, Damwildgehege, Herrenhäusern und Rittergütern zum Verweilen einlädt.

» Länge: 21 Kilometer » Dauer: 7 Stunden

MORGENRÖTHE-RAUTENKRANZ
DAS RAUMFAHRTDORF

Pikante Fundstücke

VON BÄRWURZ BIS KRAUSE GLUCKE

3 – 2 – 1 – Start. Obwohl Morgenröthe-Rautenkranz so klein ist, fliegen von hier aus jedes Jahr Tausende mit 28 000 km/h zur Internationalen Raumstation ISS und zurück – im Kino der Deutschen Raumfahrtausstellung. Angefangen hat die Raumfahrt-Leidenschaft der Vogtländer 1978 mit dem Flug ihres Nachbarn Sigmund Jähn in den Weltraum. In 7 Tagen, 20 Stunden, 49 Minuten und 4 Sekunden umrundete er 125 Mal die Erde. Seitdem sammeln die Rautenkranzer alles, was sie zum Thema Raumfahrt bekommen können: Mondstaub und Raumanzüge, Forschungsgeräte und Geschichten. Nach einer sanften Landung auf der Bahnhofstraße macht ein irdischer Ausflug Spaß, denn selten liegen Science-Fiction und Tradition so dicht beieinander wie hier.

„Unser Wald ist reich an ‚Boden-Schätzen', wir müssen sie nur sammeln."

Sandra Heymann, Pilzberaterin aus Morgenröthe-Rautenkranz

Nur ein paar Schritte entfernt lässt Stephan Gerisch von der Stickerei Funke die Nadeln seiner 100-jährigen Stickmaschine tanzen. Stich für Stich entsteht zarte Plauener Spitze. Die Tour führt direkt auf den wunderschönen Wanderweg von Rautenkranz nach Morgenröthe. In dieser Idylle werden die Vogtländer zu passionierten Sammlern: Sie streifen durch ihre Natur und finden alles, was irgendwie essbar ist. Wer auf dem Weg bleibt, der gelangt zum gewaltigen Hochofen der Eisengießerei in Morgenröthe. Anfang des 19. Jahrhunderts wurden hier mehr als 10 000 eiserne Glocken gegossen, die in vielen Städten und Dörfern läuteten. Vom Hochofen aus geht es über den bekannten Kammweg Vogtland/Erzgebirge in das Naturschutzgebiet Drei Bächle. Hier stehen die ältesten Fichten Mitteldeutschlands. Die majestätischen, mehr als 230-Jahre alten Bäume haben saftig grüne Moosschuhe angezogen, Buschwindröschen, Bächlein und Vögel spielen zauberhafte Waldsinfonien. Sie brauchen nach dieser anspruchsvollen Tour eine Stärkung? Dann setzen Sie sich in die Bäckerei Schürer und essen ein belegtes Brötchen, eine Apfeltasche oder einen frischen Pfannkuchen.

Schatzsucher

WALDERLEBNISSE FÜR ALLE SINNE

Soweit das Auge reicht Wald, einfach nur Wald. Auf knapp drei Viertel der Fläche rund um Morgenröthe-Rautenkranz stehen Fichten, Birken, Buchen und Kastanien. Ein Sehnsuchtsort für stressgeplagte Großstädter, ein Paradies für Wanderfreunde, eine Schatzkammer für Pilz- und Kräutersammler. Doch welches Kraut ist essbar, welcher Pilz genießbar? Jedes Frühjahr im Mai und Juni wandert Kräuterfrau Dolores Weck mit kleinen Gruppen in die Natur und öffnet ihnen die Augen für die Wildpflanzen des Vogtlandes. Nach jeder Tour gibt es eine Verkostung.

Liebevoll bereitet Familie Glöckner von der Ferienscheune & Kutscherhaus originelle Gerichte aus Giersch, Gundermann und Bärwurz vor: Quiche, Kräuterbutter, Kräuterquark und Kräuterlimo mit Suchtfaktor.

Im Herbst übernimmt Pilzberaterin Sandra Heymann die Führungen. „Die Krause Glucke wächst am Stamm der Kiefern, Steinpilze gedeihen in der Nähe von Fichten, Pfifferlinge lieben die Morgensonne und weiches Moos." Es sind Touren der Sinne: Man sieht, fühlt, riecht und schmeckt.

Schwammespalken – Ein Muss im Herbst!

Zutaten für 6 Portionen: 1 kg frische Waldpilze, 500 g Kartoffeln, 200 g Schinkenspeck, 3 mittelgroße Zwiebeln, 2 Möhren, 1/2 Stange Lauch, 50 g Sellerie (oder 1 Stängel Liebstöckel), 1 l Fleisch- oder Gemüsebrühe, 2 EL Essig (10 %), 1 EL Zucker, 3 EL braunes Mehl (dazu 3 EL Weizenmehl in der Pfanne ohne Fett vorsichtig bräunen), Gewürze: 1 TL Kümmelkörner, Thymian, Salz, Pfeffer, 5 Pimentkörner, 6 Lorbeerblätter

Zubereitung: Gemüse und Schinkenspeck in Würfel schneiden, Pilze putzen, alles klein schneiden. Speck langsam anbraten, das Gemüse dazugeben, 5 Minuten anschwitzen. Dann die Pilze in den Topf geben. Mit Gewürzen und Brühe auffüllen, aufkochen lassen und bei mittlerer Hitze ca. 30 Minuten garen. Die rohen Kartoffeln in mundgerechte Stücke schneiden, in den Topf geben und noch einmal 30 Minuten köcheln lassen. Mit Essig und Zucker abschmecken. Gebräuntes Mehl zum Binden zugeben. Auf Suppentellern anrichten, mit frischer Petersilie bestreuen. Butterbrote dazu reichen.

I Hier und auch J hier kann man die Schwammespalken genießen.

„Kuhltur schätzt die Persönlichkeit der Kühe."
Sandra Schön,
Rinderzucht Familie Schön

Lebendige Kuhltur

ELSA, BRUNI, GRETEL UND IHR GRÜNES WIESENGLÜCK

Elsa, Bruni und Gretel sind liebevolle Mütter, die sich oft zum Wiesentratsch treffen. Ihre große Weide liegt in den Muldewiesen, ein wenig außerhalb von Morgenröthe-Rautenkranz. Entspannt liegen die Kuhmütter dicht nebeneinander, kauen gemeinsam wieder und rülpsen laut dabei. Elsas Kälbchen weicht seiner Mutter nicht von der Seite, es ist erst ein paar Tage alt. Wenn es Hunger hat, saugt es einfach an Mamas Zitzen. Brunis und Gretels Kuhkinder dagegen gehen schon ihrer eigenen Wiesenwege. Elsa, Bruni und Gretel gehören zur Mutterkuh-Herde von Familie Schön. Sandra Schön kennt jedes ihrer 50 Rinder genau, schließlich sind sie alle auf dem Hof geboren. „Elsa ist aufmerksam, Bruni ängstlich und Gretel selbstbewusst", beschreibt die Tierärztin das Wesen ihrer Tiere. „Sie sind wie eine Großfamilie, deshalb dürfen sie bei uns ein Leben lang zusammenbleiben."

Nach 18 bis 24 Monaten werden die jungen Rinder geschlachtet. „Wenn die Kuh noch einmal vertraut ihren Kopf auf meine Schulter legt, fällt mir die Trennung schwer. Aber wir halten die Kühe nicht zum Spaß", betont die Rinderzüchterin. Das Fleisch vermarkten die Schöns in ihrem kleinen Hofladen. Ihr Angebot: 5-Kilo-Pakete mit einem Mix von Filet bis Innereien. „Jedes Gramm Fleisch unserer Tiere ist wertvoll!"

Koch Rene Albert vom Berglandstübel schwört auf das hochwertige Bio-Fleisch von Familie Schön: „Es schrumpft nicht beim Grillen, enthält weniger Wasser und schmeckt besser als Supermarkt-Fleisch." Kuhlinarik für Feinschmecker.

H Hier gibt es leckere Bio-Steaks.

Raus ins Grüne

MEHR TIPPS FÜR MORGENRÖTHE-RAUTENKRANZ

1. Weltraumbrot essen
Bäcker Jörg Schürer ist nicht nur für seinen köstlichen Stollen bekannt, sondern auch für die Idee, ein schmackhaftes Brot für Kosmonauten zu backen. Dieser Vollkorn-Laib wird in der Dose gebacken. Prima Proviant fürs Picknick.

2. Buntes Mitbringsel
Alles, was Jürgen Schubert im Haushalt oder auf Trödelmärkten findet, bemalt er, sogar alte Baumsägen. Seine farbenfrohen Motive: Blumen, Tiere im Wald, Bauern bei der Arbeit, Pferdefuhrwerke im Heu.

3. Planeten bestaunen
Sonne, Saturn, Erde und Mond drehen sich im Planetenpark direkt neben der Raumfahrtausstellung.

MOUNTAINBIKE-TOUR

Start an der Deutschen Raumfahrtausstellung. Der Weg führt zunächst zum einzigen in seiner Art erhaltenen Hochofen, der als Freilichtmuseum besichtigt werden kann. Die grüne Markierung leitet weiter ins Markersbachtal bis zum Naturschutzgebiet Drei Bächle. Wenn Bäume reden könnten, hätten diese viel zu erzählen. Die Fichten sind mit über 230 Jahren die ältesten Sachsens. Von hier aus geht es zurück zur Raumfahrtausstellung. Einkehrtipp: Ausflugsgaststätte Weidmannsheil.

» Länge: 15 Kilometer » Dauer: 2 Stunden

ZU DEN RISSFÄLLEN

An der Grenze zwischen Hammerbrücke und Grünbach befindet sich ein altes technisches Denkmal: der Obere Floßgraben, auch Riß genannt. Vor 400 Jahren wurde das Holz über Floßgräben und die Göltzsch in die Weiße Elster bis nach Leipzig transportiert. Am Ende des Grabens befinden sich die Rißfälle, die mühsam per Hand in den Fels gehauen wurden. Es sind die einzigen Wasserfälle des Vogtlands. Einkehrtipp: Berglandstübel.

» Länge: 20 Kilometer » Dauer: 2,5 Stunden

TOURISTINFORMATION MULDENHAMMER

Klingenthaler Straße 29 - 08262 Muldenhammer/OT Tannenbergsthal - Telefon: 037465 402825
www.muldenhammer.com

Alle Adressen auf einen Blick

Oberlausitz

GUTTAU/WARTHA

Pension Jokusch
OT Wartha
Zum Wasserturm 8
02694 Malschwitz
Telefon: 035932 30663
www.familienurlaub-lausitz.de

Landbäckerei Trittmacher
Dorfplatz 4
02694 Malschwitz
Telefon: 035932 30933
www.oberlausitzer-urgetreide.de

Biosphärenreservatszentrum Haus der Tausend Teiche
OT Wartha
Warthaer Dorfstraße 29
02694 Malschwitz
Telefon: 035932 36560
www.haus-der-tausend-teiche.de

Teichwirtschaft Kauppa Tilo Semmer
Spreeaue 2
02694 Großdubrau (Kauppa)
Telefon: 035934 6439

Spreehof Hofladen & Pension Ina Schmidt
OT Göbeln
Am Spreewehr 14
02694 Großdubrau
Telefon: 0172 3527642
www.spreehof.de

Rätze-Mühle GmbH & Co. KG
OT Spittwitz
Mühlendamm 4
02633 Göda
Telefon: 035930 50815
www.raetze-muehle.de

Gast- und Radlerhof Guttau
OT Guttau
Guttauer Hauptstraße 11
02694 Malschwitz
Telefon: 035932 31996
www.radlerhof-guttau.de

Gaststätte Zur Guten Laune
OT Lömischau
Zur guten Laune 9
02694 Malschwitz
Telefon: 035932 31029
www.zur-guten-laune.de

Pension und Gaststätte Zum Eisvogel
OT Wartha
Warthaer Dorfstraße 25
02694 Malschwitz
Telefon: 035932 364486
www.eisvogel-wartha.de

OBERCUNNERSDORF

Hotel bergSinn
OT Obercunnersdorf
Am Ferienheim 9
02708 Kottmar
Telefon: 035875 60372
www.hotel-bergsinn.de

Museum Schunkelhaus
OT Obercunnersdorf
Klippelgasse 2
02708 Kottmar
über Touristinformation
Telefon: 035875 60954

Café und Konditorei Brumme
OT Obercunnersdorf
Hauptstraße 80
02708 Kottmar
Telefon: 035875 240064
www.konditorei-brumme.de

Haus Spinnwebe
OT Walddorf
Lange Gasse 7
02739 Kottmar
Telefon: 03586 310078
www.spinnwebe.de

Privatbrauerei Eibau
OT Eibau
Neueibauer Straße 9
02739 Kottmar
Telefon: 03586 78140
www.eibauer.de

Haus der Sinne
OT Obercunnersdorf
Hauptstraße 28
02708 Kottmar
Telefon: 035875 67488
www.haus-der-sinne.biz

Berggasthof Beckenbergbaude
OT Eibau
Beckenbergstraße 5
02739 Kottmar
Telefon: 03586 387673
www.beckenbergbaude.de

Freizeit- und Erlebnisbad
OT Obercunnersdorf
Kottmarsdorfer Straße 35
02708 Kottmar
Telefon: 035875 246022
www.bad-oberc.de

Faktorenhof
OT Eibau
Hauptstraße 214 a
02739 Kottmar
Telefon: 03586 702051
www.faktorenhof-eibau.de

Bockwindmühle Kottmarsdorf
OT Kottmarsdorf
Obercunnersdorfer Straße 4
02708 Kottmar
Telefon: 035875 62395
www.kottmarsdorf.de

OYBIN/LÜCKENDORF

Freilichtmuseum/ Ausflugsziel
Burg und Kloster Oybin
Hauptstraße 16
02797 Oybin
Telefon: 035844 7330
www.burgundkloster-oybin.de

Oberlausitzer Miniwelt
Klosterhof-Scheune Oybin
Hauptstraße 18 a
02797 Oybin
Telefon: 035844 762476
www.oberlausitz-miniwelt.de

Honighof Renger
Liststraße 14
02797 Oybin
Telefon: 035844 70598

Holzwerk Oybin
Friedrich-Engels-Straße 22
02797 Oybin
Telefon: 035844 762390
www.holzwerk-oybin.de

Hochwaldbaude
Hochwaldweg 6
02797 Oybin
Telefon: 035844 70232

Gasthof Alte Schmiede
OT Lückendorf
Gabler Straße 8
02797 Oybin
Telefon: 035844 72662
www.pension-zittauer-gebirge.de

Erdbeerhof Möse
OT Eichgraben
Olbersdorfer Straße 14
02763 Zittau
Telefon: 03583 685781
www.beerenobst-erdbeerpflanzen.de

Sächsisch Oberlausitzer Eisenbahngesellschaft (SOEG) Zittauer Schmalspurbahn
Kundenbüro
Bahnhofstraße 41
02763 Zittau
Telefon: 03583 540540
www.zittauer-schmalspurbahn.de

RAMMENAU

Gaststätte Fichtestube
Hauptstraße 16
01877 Rammenau
Telefon: 03594 745500
www.fichtestube-rammenau.de

Café Fichte 15
Johann-Gottlieb-Fichte-Straße 15
01877 Rammenau
Telefon: 03594 708773

Barockschloss Rammenau
Am Schloß 4
01877 Rammenau
Telefon: 03594 703559
www.barockschloss-rammenau.com

Ziegenhof Lauterbach
Dorfstraße 110
01833 Stolpen
Telefon: 035973 295120
www.ziegenhof-lauterbach.de

Obstbau Menzel
Hauptstraße 5 c
01833 Stolpen
Telefon: 035973 26298
www.hofladen-obstbau-menzel.de

Hofladen Menzel
Hauptstraße 55
01877 Rammenau
Telefon: 03594 714585

Fleischerei Haufe
Mittelweg 14
01877 Rammenau
Telefon: 03594 716249
www.kaufe-bei-haufe.de

Fleischerei Wätzlich
Hauptstraße 42
01877 Rammenau
Telefon: 03594 716710

Gaststätte Wätzlich
Hauptstraße 41
01877 Rammenau
Telefon: 03594 716710
www.gaststaette-waetzlich.de

SCHLEIFE

Gaststätte Zur Schlangenkrone
Friedensstraße 65
02959 Schleife
Telefon: 035773 735320
www.zurschlangenkrone.de

Sorbische Heimatstube und Njepila-Hof Rohne
Dorfstraße 61
02959 Rohne
Führungen und Besichtigungen
über Telefon: 035773 929016

SCHWARZKOLLM

Gaststätte Zur Rabenmutter
OT Schwarzkollm
Kubitzberg 20
02977 Hoyerswerda
Telefon: 035722 952065
www.restaurant-rabenmutter.de

KRABAT-Mühle
OT Schwarzkollm
Koselbruch 22
02977 Hoyerswerda
Telefon: 035722 951133
www.krabat-muehle.de

KRABAT MILCHWELT
Kotten 2
02997 Wittichenau
Telefon: 035725 929012
www.krabat-milchwelt.de

Töpferei Hegewald
OT Schwarzkollm
Waldesruh 2
02977 Hoyerswerda
Telefon: 035722 94026
www.hegewald-toepferei.de

Gemüsehof Domanja
Hoske Nr. 44
02997 Wittichenau
Telefon: 035725 70243
www.hof-domanja.de

Sächsische Schweiz

HINTERHERMSDORF

Zum Wanderstübel
Schandauer Straße 64
01855 Hinterhermsdorf
Telefon: 035974 50570
www.wanderstuebel.de

Dorfladen Jens Petters
Dorfbachweg 6
01855 Hinterhermsdorf
Telefon: 035974 50426

Waldhusche
01855 Sebnitz
Telefon: 035974 5210
www.hinterhermsdorf.de/
waldhusche.html

Einkehr Zur Rindenhütte
Obere Schleuse
An der Kirnitzsch 5
01855 Hinterhermsdorf
Telefon: 035974 55710

Forellenzucht am Lachsbach
Hohnsteiner Straße 49
01814 Rathmannsdorf
Telefon: 035022 42332
www.forellenzucht-rathmannsdorf.de

Sächsische Schweiz Tours – Erlebnisreisen Appartmenthaus Zum Wildschütz
Neudorfstraße 33
01855 Hinterhermsdorf
Telefon: 035974 50550
sax-ch-tours.de

SAUPSDORF

Bauernhof Steinert
Bockmühlenstraße 69
01848 Hohnstein
Telefon: 035975 81649
www.demeter.de

Kräuterbaude am Wald und Nationalparkführer Heiko Hesse
Hinteres Räumicht 18
01855 Saupsdorf
Telefon: 035974 5250
www.kraeuterbaude.de

Berggaststätte Wachbergbaude
Wachbergstraße 66
01855 Sebnitz
Telefon: 035974 50330
www.wachbergbaude.de

Dresden Elbland

ZABELTITZ

Obstwein-Kelterei Werft
Hauptstraße 89b
01561 Großenhain
Telefon: 0174 9905824

Bäckerei Haase
Hauptstraße 52
01561 Großenhain
Telefon: 03522 310819

Gärtnerei Blechschmidt
Hauptstraße 9
01561 Großenhain
Telefon: 03522 310830

Hotel und Restaurant Parkschänke
Hauptstraße 7
01561 Großenhain
Telefon: 03522 504100
www.parkschaenke-zabeltitz.de

Bauernmuseum Zabeltitz
Hauptstraße 54
01561 Großenhain
Telefon: 03522 304174
museum@stadt.grossenhain.de
www.museum.grossenhain.de

Palais Zabeltitz
Am Park 1
01561 Großenhain
kulturzentrum@grossenhain.de
www.kulturzentrum-grossenhain.de/
palais_zabeltitz.php

Imkerei Woitaß
Hauptstraße 56
01561 Großenhain
Telefon: 03522 509991

Gartenbau Armin Rühle
Am Bahnhof 1
01561 Großenhain
Telefon: 03522 507501

Erzgebirge

BLANKENHAIN

Soltis Obstgarten
Helmut-Bräutigam-Straße 52d
08451 Crimmitschau
Telefon: 03762 759154

Deutsches Landwirtschaftsmuseum Schloss Blankenhain
OT Blankenhain
Am Schloss 9
08451 Crimmitschau
Telefon: 036608 2321
www.deutsches-
landwirtschaftsmuseum.de

Schmiedekunst Thomas Linke
OT Blankenhain
Am Koberbach 70
08451 Crimmitschau
Telefon: 36608 203190

Hausbäckerei Regina Ernst
OT Blankenhain
Am Koberbach 72a
08451 Crimmitschau
Telefon: 036608 90888

Landwirtschaftsbetrieb Reiner Bachmann
OT Blankenhain
Kurze Straße 2
08451 Crimmitschau
Telefon: 036608 90814

HÖCKENDORF

Landmarkt Alte Schule
OT Ruppendorf
Freiberger Straße 14
01774 Klingenberg
www.landmarkt-ruppendorf.de

Heimatmuseum Höckendorf
OT Höckendorf
Schenkberg 4
01774 Klingenberg
www.gemeinde-klingenberg.de

Tierpark Höckendorf
OT Höckendorf
Schenkberg 1
01774 Klingenberg

Restaurant Lindenhof
An der Talsperre 2
01774 Klingenberg
www.lindenhof-klingenberg.de

Hotel Neue Höhe
Neuklingenberg 11
01774 Klingenberg
www.neuehoehe.de

STRACOS-Erlebniswelt
OT Colmnitz
Grillenburger Straße 1
01774 Klingenberg
www.stracos-erlebniswelt.de

Bäckerei Sauer
OT Pretzschendorf
Zur Kirche 4
01774 Klingenberg
www.baeckerei-sauer.de

Essig-Schneider
OT Colmnitz
Am Bahnhof 2
01774 Klingenberg
www.essig-schneider.de

Gärtnerei Hebert
OT Colmnitz
Gartenweg 4a
01774 Klingenberg
www.gaertnerei-hebert.de

Naturerlebnishof Weidegut
OT Colmnitz
Tännichtweg 12
01774 Klingenberg
www.colmnitz-weidegut.de

POBERSHAU

Gasthaus Waldeck
OT Pobershau
Ratsseite - Rathausstraße 36
09496 Marienberg
Telefon: 03735 23214
www.das-waldeck.de

Bergschänke zum Katzenstein
OT Pobershau
Amtsseite - Katzensteinweg 2
09496 Marienberg
Telefon: 03735 669783
www.bergschaenke-pobershau.de

Café Zechenstube
OT Pobershau
Amtsseite - Dorfstraße 67
09496 Marienberg
Telefon: 03735 6600303

Schaubergwerk Molchner Stolln
OT Pobershau
Amtsseite - Dorfstraße 67
09496 Marienberg
Telefon: 03735 62522
www.molchner-stolln.de

Werkstatt moderner Figurenbildnerei Günter Reichel
OT Pobershau
Amtsseite - Bergstraße 39
09496 Marienberg
Telefon: 03735 61082
www.guenter-reichel.de

Feriendorf Schwarzwassertal und Lama-Ranch
OT Pobershau
Amtsseite - Hinterer Grund 17a
09496 Marienberg
Telefon: 03735 23586
www.feriendorf-schwarzwassertal.de

Familie Ernst F. Ullmann Likörfabrik & Destillation
OT Lauterbach
Oberdorf 45
09496 Marienberg
Telefon: 03735 66960
www.lauterbacher-tropfen.de

Museum der Likörfabrik Familie Ernst F. Ullmann
Gewerbegebiet Hilmersdorf/Heinzebank
Äußerer Hofring 1
09429 Wolkenstein
Telefon: 037369 84050

Münzners Gourmet-Pilze
OT Reitzenhain
Ernst-Thälmann-Straße 51
09496 Marienberg
Telefon: 037364 125-0
www.muenzners-pilze.de

Ausstellungen Böttcherfabrik
OT Pobershau
Ratsseite - Dorfstraße 112
09496 Marienberg
Telefon: 03735 660162
www.marienberg.de

KURORT SEIFFEN

Landhotel zu Heidelberg
Hauptstraße 196
09548 Kurort Seiffen
Telefon: 037362 8750
www.landhotel-zu-heidelberg.de

Bäckerei Frank Walther
Hauptstraße 146
09548 Kurort Seiffen
Telefon: 037362 8543

Gaststätte Holzwurm
Hauptstraße 71a
09548 Kurort Seiffen
Telefon: 037362 7277
www.holzwurm-seiffen.de

Wildbrethandel Falko Zoll
OT Blumenau
Grundauer Weg 2
09526 Olbernhau
Telefon: 037363 7816
www.wildbrethandel-zoll.de

Erzgebirgisches Spielzeugmuseum Seiffen
Hauptstraße 73
09548 Kurort Seiffen
Telefon: 037362 17019
www.spielzeugmuseum-seiffen.de

Schauwerkstatt der traditionellen Handwerkstechniken Seiffener Volkskunst eG
Bahnhofstraße 12
09548 Kurort Seiffen
Telefon: 037362 7740
www.schauwerkstatt.de

Schauwerkstatt Erlebniswelt Richard Glässer GmbH Seiffen
Hauptstraße 80
09548 Kurort Seiffen
Telefon: 037362 180
www.glaesser-seiffen.de

Buntes Haus/Hotel Erbgericht
Hauptstraße 94
09548 Kurort Seiffen
Telefon: 037362 7760
www.buntes-haus.com

Leipzig Region

HÖFGEN

Gasthaus Zur Wassermühle
OT Höfgen
Höfgener Dorfstraße 10
04668 Grimma
Telefon: 03437 917153
www.wassermuehle-hoefgen.de

Museum – Technische Schauanlage Wassermühle
OT Höfgen
Höfgener Dorfstraße 8
04668 Grimma
Telefon: 03437 917153
www.wassermuehle-hoefgen.de

Kräutermanufaktur Spirit of Nature
OT Bernbruch
Untere Dorfstraße 11
04668 Grimma
Telefon: 03437 763398
www.spiritofnature.de

Erlebnishotel Zur Schiffsmühle
OT Höfgen
Zur Schiffsmühle 2
04668 Grimma
Telefon: 03437 76020
www.schiffsmuehle.de

Seilfähre Nimbschen-Höfgen
OT Höfgen
Fährweg
04668 Grimma

Naturschaustätte Mohdschägiebchn
OT Kaditzsch
Turmweg 232a
04668 Grimma
www.waldhaus-kreativ.de

Kloster Nimbschen
Nimbschener Landstraße 1
04668 Grimma
www.kloster-nimbschen.de

Jutta-Park
OT Kaditzsch
Turmweg
04668 Grimma
www.dorfdersinne.de

KÖSSERN

Rittergut Kössern
OT Kössern
Zum Kösserner Rittergut 9
04668 Grimma
Telefon: 0179 5210305
www.rittergut.org
Rittergut Kössern – Hofladen
OT Kössern
Zum Kösserner Rittergut 5
04668 Grimma
Telefon: 0173 5632353
www.rittergut.org

Konditorei Tortenträumerei
Lange Straße 1
04668 Grimma
Telefon: 0162 4198510
www.tortentraeumerei.de

Jagdhaus Dorfentwicklungs- und Kulturverein Kössern/ Förstgen e. V.
OT Kössern
Kösserner Dorfstraße 1
04668 Grimma
Telefon: 034384 73931
www.jagdhaus-koessern.de

Saftmanufaktur Lieber
OT Papsdorf
Papsdorfer Dorfstraße 5
04668 Grimma
Telefon: 0177 2679649
www.saftmanufaktur.de

Vogtland

JÖßNITZ

Ausflugsgaststätte und Pension Pfaffenmühle
Pfaffenmühlenweg 18
08547 Jößnitz
Telefon: 03741 525772
www.pfaffenmuehle.de

Hotel und Restaurant Romantica
Pfarrweg 19
08547 Jößnitz
Telefon: 03741 554140
www.romantica-hotel.de

Schlosshotel Jößnitz
Schloßstraße 2
08547 Jößnitz
Telefon: 03741 577750
www.schlosshotel-joessnitz.de

Intarsien-Stube Sigmar Zahn
Röttiser Straße 8
08547 Jößnitz
Telefon: 03741 526872
www.sz-intarsien.de
Besichtigung nach Voranmeldung

Falknerei Herrmann
Pfaffengutstraße 4
08525 Plauen
Telefon: 0174 9147124
www.falknerei-herrmann.de

Schmiede Steinsdorf
OT Steinsdorf
Hauptstraße 8
08547 Plauen
Telefon: 037439 441529
www.schmiede-steinsdorf.de
Besichtigung nach Voranmeldung

Echt Dünnebiers Bernd Gallon
Goethestraße 11
08547 Jößnitz
Telefon: 03741 521114
www.echt-duennebiers.de

LEUBNITZ

Schloss und Park Leubnitz
OT Leubnitz
Am Park 1
08539 Rosenbach/Vogtl.
Telefon: 037431 86029
www.schloss-leubnitz.de

Gasthof Teichmühle
OT Leubnitz
Schneckengrüner Straße 12
08539 Rosenbach/Vogtl.
Telefon: 037431 86930
www.teichmuehle.de

Hofkäserei Langenbacher Ziegenkäse
OT Langenbach
Winterseite 51
07919 Pausa-Mühltroff
Telefon: 036645 21300

Erlebnisbauernhof Seiler
OT Rößnitz
Hauptstraße 18
08527 Rosenbach/Vogtl.
Telefon: 037431 3533
www.seilers-bauernhof.de

Musikinstrumentenmuseum Teuschler
OT Mehltheuer
Hohe Straße 9
08539 Rosenbach/Vogtl.
Telefon: 037431 4159
www.musik-museum-mehltheuer.de

Drachenhöhle und Windmühle Syrau
OT Syrau
Drachenhöhle: Höhlenberg 10
Windmühle: Fröbersgrüner Straße
08548 Rosenbach/Vogtl.
www.syrau.de

Café Syrau
OT Syrau
Bahnhofstraße 16
08548 Rosenbach/Vogtl.
Telefon: 037431 86620
www.cafe-syrau.de

Bambes: Pilze & Spezialitäten by Schellenberg
OT Kobitzschwalde
Neundorfer Str. 2g
08538 Weischlitz
Telefon: 03741 707224
www.pufferfreunde.de

Kartoffel-Experte Steffen Janke
OT Schönberg
Kornbacher Straße 5
08539 Rosenbach/Vogtl.
Telefon: 036645 359799

MORGENRÖTHE-RAUTENKRANZ

Deutsche Raumfahrtausstellung
OT Morgenröthe-Rautenkranz
Bahnhofstraße 4
08262 Muldenhammer
Telefon: 037465 2538
www.deutsche-raumfahrtausstellung.de

Gasthof und Pension Weidmannsheil
OT Morgenröthe-Rautenkranz
Sachsengrund 8
08262 Muldenhammer
Telefon: 037465 2704
www.gasthof-weidmannsheil.de

Landgasthof und Hotel Berglandstübel
OT Hammerbrücke
Tannenbergsthaler Straße 26
08262 Muldenhammer
Telefon: 037465 6180
www.berglandstuebel.de

Ferienscheune & Kutscherhaus Georg Glöckner
OT Morgenröthe-Rautenkranz
Schönheider Straße 10
08262 Muldenhammer
Telefon: 037465 6733
www.ferienscheune.net

Rinderzucht Familie Schön
OT Hammerbrücke
Breite Wiese 38
08262 Muldenhammer
Telefon: 0172 6066757

Landgasthof und Pension Frischhütte
OT Morgenröthe-Rautenkranz
Schönheider Straße 5
08262 Muldenhammer
Telefon: 037465 2515
www.frischhuette.de

Funke Stickerei GmbH
OT Morgenröthe-Rautenkranz
Carlsfelder Straße 23
08262 Muldenhammer
Telefon: 037465 2651
www.funke-stickerei.de

Space Café Bäckerei Schürer
OT Morgenröthe-Rautenkranz
Bahnhofstraße 1
08262 Muldenhammer
Telefon: 037465 6846
www.baeckerei-schuerer.de

Bauernmalerei Jürgen Schubert
OT Morgenröthe-Rautenkranz
Schönheider Straße 3
08262 Muldenhammer
Telefon: 037465 6663

IMPRESSUM

Ostra-Allee 20, 01067 Dresden, www.saxophon-verlag.de

Herausgeber
Tourismus Marketing Gesellschaft Sachsen mbH (TMGS)
Bautzner Straße 45/47, 01099 Dresden
www.sachsen-tourismus.de, www.sachsensdoerfer.de

Autor
Jana Schütze, Freie Journalistin

Fotos
Andreas Krone
Archiv TMGS (Thomas Braun, Sylvio Dittrich, Eva Schalling, Holger Stein)

Layout, Satz und Projektmanagement
OBERÜBER KARGER Kommunikationsagentur GmbH
Devrientstraße 11, 01067 Dresden, www.oberueber-karger.de

Lektorat
Enrico Bach, Freier Redakteur
OBERÜBER KARGER Kommunikationsagentur GmbH

Druck
WDS Pertermann GmbH
Seifhennersdorfer Str. 4-8, 01099 Dresden, www.wds-pertermann.de

1. Auflage, Januar 2018

SACHSEN Diese Maßnahme wird mitfinanziert durch Steuermittel auf der Grundlage des von den Abgeordneten des Sächsischen Landtages beschlossenen Haushaltes.

ISBN 978-3-943444-73-5